L'abc des FLEURS DU JARDIN

Dépôt légal : février 2004
ISBN : 2-84038-504-X
N° d'éditeur : 48427
Premier tirage : février 2004

Rosenn Le Page
Denis Retournard

L'abc des FLEURS DU JARDIN

Illustré par Joël Bordier

Éditions RUSTICA

Sommaire

Avant-propos

Il est difficile, lorsqu'on dispose d'un jardin, d'un balcon, d'une terrasse ou d'un simple rebord de fenêtre, de résister à l'envie d'y cultiver des fleurs. Leurs corolles colorées et parfumées sont à l'origine de bien des vocations pour le jardinage.

Certaines fleurs sont faciles à cultiver, d'autres demandent un peu plus de doigté, mais toutes sont à la portée du jardinier, débutant ou confirmé. Nous avons sélectionné les fleurs qui sont parmi les plus aisées à cultiver en France, des classiques – valeurs sûres –, mais aussi celles qui sont dans la tendance actuelle.

Cet ouvrage a pour vocation de vous guider pas à pas dans la culture de ces plantes. Nous avons consacré à chaque fleur une fiche de culture qui présente les gestes à accomplir sous forme d'illustrations commentées : semis, plantation, floraison… et l'entretien ultérieur qui vous permettra, chaque année, d'obtenir des floraisons plus abondantes. Chaque geste est illustré, vous ne pouvez pas vous tromper !

Pour vous familiariser avec l'univers des fleurs, nous vous indiquons également comment les acheter, composer des massifs de fleurs… pour obtenir un beau jardin fleuri et en profiter pleinement !

Introduction

Les grandes familles de fleurs

Les annuelles et les bisannuelles

Les **annuelles** vont de la graine à la mort, les premiers froids venus, en une année, non sans avoir pris soin d'assurer leur descendance en produisant des fleurs, puis de nouvelles graines. Leur vie est courte, mais elles sont imbattables sur la durée et la générosité de leur floraison. Aussi sont-elles les reines des jardinières : souci, impatiens, pétunia, cosmos, etc. La plupart développent leurs premières fleurs dès le mois de mai pour ne rendre leur dernier souffle qu'aux gelées, vers la fin octobre, quand l'arrière-saison est belle et clémente, soit une garantie de 6 mois de fleurs.

Une annuelle : la lavatère.

Une bisannuelle : le myosotis.

Les **bisannuelles** ne fleurissent pas deux fois par an avant de s'éteindre, mais elles ont besoin de deux ans pour s'épanouir. La première année, elles forment un feuillage abondant et, au cours de la seconde année, la fleur s'épanouit.

Impatient, le jardinier ruse pour raccourcir l'attente : semées l'été, les bisannuelles forment une jeune plante feuillue avant l'hiver et, au printemps suivant, elles fleurissent, soit 6 à 8 mois plus tard. Les plus classiques d'entre elles sont les pensées ou les myosotis.

Toutes les fleurs du jardin se partagent en trois grandes familles : les annuelles et les bisannuelles, les vivaces et les bulbeuses. Nous avons volontairement exclu de cet ouvrage les fleurs des arbustes, qui ne demandent pas d'interventions spécifiques espèce par espèce. Elles se cultivent comme la plupart des arbustes.

Annuelles ou vivaces ?

Certaines annuelles et bisannuelles, comme les lavatères, les digitales ou les coquelourdes *(Lychnis coronaria)*, se ressèment spontanément : leurs graines, tombées au sol à l'automne, germeront le printemps suivant assurant la relève, à la même place ou en tout autre endroit pour les graines emportées par le vent. Ces semis « naturels » sont une aubaine pour le jardinier et son porte-monnaie : il suffit de récupérer les jeunes plants pour les mettre à la place voulue le printemps venu. Ces annuelles et bisannuelles qui se ressèment sont parfois considérées comme des vivaces puisqu'elles réapparaissent chaque année. Mais, d'un point de vue strictement botanique, ce n'est pas du tout le même type de plante.

Les bulbeuses

Ce sont des fleurs du genre « hamster » : quand il fait bon, elles emmagasinent des réserves alimentaires pour faire des fleurs l'année suivante. Elles les stockent toujours sous terre, soit dans leurs racines, soit dans des tronçons de tiges souterraines. On donne improprement le nom de bulbe à toutes ces excroissances gorgées de nourriture.

Une bulbeuse : le crocus.

Les vivaces

Les vivaces fleurissent plusieurs années de suite au même endroit. Si elles disparaissent sous terre en hiver (sauf les espèces au feuillage persistant, comme les bergénias, les armoises ou les roses de Noël), elles sont présentes une bonne partie de l'année au jardin : les premières feuilles sortent avec les premiers beaux jours, en mars-avril, et les dernières flétrissent lors des gelées. Au fur et à mesure des années, leur touffe sera de plus en plus imposante : on dit qu'elles s'étendent.

À ne pas confondre...

Les termes **« vivace »** et **« rustique »** sont bien souvent confondus. Dans le premier cas, il s'agit du cycle de vie de la plante, qui se déroule sur plusieurs années avec une période de croissance, quand il fait beau et chaud, et une période de repos, lorsque le thermomètre descend. Dans le second cas, on parle de résistance au froid. Certaines vivaces sont peu rustiques, comme les lobélias. Il est alors préférable de les protéger en hiver.
De même, « vivace » n'est pas synonyme de « robuste ». Ce dernier terme concerne le comportement de la plante face à des conditions difficiles : sol pauvre ou caillouteux, sécheresse, etc. Certaines vivaces, comme les valérianes ou les géraniums vivaces, sont à l'épreuve de tout. D'autres sont beaucoup plus capricieuses, tel le fameux pavot bleu de l'Himalaya *(Meconopsis betonicifolia)*.

Deux vivaces : l'anthémis et l'aubriète.

L'année suivante, elles fleurissent en utilisant les réserves accumulées la saison passée et développent leur feuillage, simultanément ou un peu plus tard. Une fois la fleur fanée, il s'agit pour elles de reconstituer des réserves pour l'année suivante, puis leur feuillage jaunit, sèche et meurt. La période de repos commence.

Les bulbeuses sont des vivaces, mais toutes ne sont pas rustiques. En effet, les bulbes d'été (cannas, dahlias, glaïeuls), d'origine tropicale, ne peuvent rester en terre toute l'année, car ils ne supportent pas le froid hivernal. Leur arrachage et leur mise à l'abri est indispensable chaque automne.

Bien acheter

Vous pouvez acheter des fleurs sous quatre formes différentes selon leur nature :

– des graines à semer, pour la plupart des annuelles, bisannuelles et quelques vivaces ;

– des jeunes plants en godets, à planter directement en place au jardin ou dans vos jardinières, pour les annuelles, bisannuelles et vivaces ;

– des potées déjà fleuries dans des pots en plastique noir d'un litre ou de trois litres, pour tous les types de fleurs (annuelles, bisannuelles, vivaces et bulbeuses) ;

– des bulbes en repos pour les fleurs bulbeuses.

Les graines

Les graines vous offrent une grande diversité de choix de variétés pour chaque plante, surtout pour les annuelles et bisannuelles. C'est un moyen économique de fleurir votre jardin. Quelques sachets de graines suffisent pour couvrir de grandes surfaces. Un sachet vous coûtera entre 1,50 et 3 euros, si vous désirez des variétés bien précises et pas de mélange ! Toutefois, du semis au jeune plant s'écoule un certain temps durant lequel la plante demande des soins, parfois de la chaleur que seul votre intérieur peut lui fournir.

Achetez vos graines en connaisseur

Pour bien acheter vos graines, apprenez à décrypter les indications figurant sur le sachet de graines : outre les dates de semis, de floraison et le nom français, vous trouverez des informations portant sur le nom de la race, la variété ou la précision « varié ».

Le terme **« varié »** signifie que les coloris n'ont pas été soigneusement séparés lors de la culture et de la récolte : tout ce qui est en mélange est donc, en général, moins onéreux.

La **race** est une obtention, dans une culture, un peu par hasard, d'un groupe de plantes qui présente, tout en étant une copie relativement conforme de l'espèce type, une caractéristique particulière concernant sa taille (haute, naine, tapissante, etc.), son allure générale (retombante ou dressée, ramifiée, etc.) ou la forme de la fleur (double, simple, à pétales découpés, etc.). Ainsi, par exemple, vous trouverez, au sein des capucines, des grandes capucines *(Tropaeolum majus)* et des capucines des canaris *(Tropaeolum peregrinum)*, deux espèces différentes. Parmi les grandes capucines, vous choisirez des capucines grimpantes de race Hybride de Lobb (le plus souvent abrégé De Lobb) et des capucines naines, de la race Tom Pouce ou Diamant.

La **variété** est issue du croisement entre deux ou plusieurs individus de l'espèce présentant des caractéristiques intéressantes. Les professionnels sélectionnent les parents pour leur silhouette, la durée de la floraison, la couleur, la forme des fleurs, etc. Ils cultivent la variété obtenue pendant plusieurs années avant de l'inscrire sur un catalogue officiel et de la commercialiser sous un nom de baptême qu'ils ont choisi.

Les **hybrides** sont issus du même type de croisement, mais la sélection ne se fait pas sur des critères esthétiques : elle se base sur le comportement de la fleur (résistance à la sécheresse, aux maladies, durée de floraison longue, etc.).

Chaque sachet de graines comporte une date limite de conservation au dos, qui correspond à la durée de vie de celles-ci, valable tant que vous n'avez pas ouvert le sachet. Elle est très différente d'une espèce à l'autre.

Les godets

Les plantes vendues dans des petits pots de plastique noir ou de couleur, communément appelés godets, sont très pratiques : vous pouvez tout de suite les installer à leur place définitive et l'effet, sans être immédiat, est plus rapide qu'avec un semis. Ce principe s'avère très utile lorsque, par exemple, votre semis ne lève pas et que vous souhaitez combler l'espace resté vide. Bien sûr, le choix est restreint et vous n'aurez pas des fleurs aussi originales que vous le souhaiteriez. Par ailleurs, l'achat de plants en godets et de graines ne représente pas le même coût : comptez entre 1 et 3 jeunes plants en godets pour le prix d'un sachet de graines !

Sachez reconnaître une plante de qualité, qui vous garantira une plantation réussie et son expansion dans votre jardin. Tâtez la terre : si elle est sèche, détournez-vous. Une belle plante se juge au nombre de jeunes pousses qui émergent au printemps à sa base et non à sa hauteur. À l'automne, observez les restes de végétation : mieux vaut plusieurs départs de tiges qu'un seul.

Évitez, si possible, les plantes en fleurs, surtout à l'automne. Au printemps, il est difficile d'échapper aux fleurs, car les horticulteurs forcent leurs plantes en les cultivant en serre, au chaud, pour obtenir une floraison prématurée, toujours plus attractive pour la vente.

L'avantage est que vous êtes sûr de la couleur et de la forme de fleur que vous achetez, mais ne vous faites pas piéger : choisissez alors les plants les moins fleuris.

Le feuillage des plantes doit être sain : ne vous alarmez pas cependant si vous apercevez une ou deux feuilles jaunes à la base de la plante, il s'agit souvent des premières feuilles, qui meurent naturellement lorsque la plante grandit.

La conservation des plantes en godets

Si vous ne pouvez planter immédiatement les plantes achetées en godets, ne les entreposez pas au chaud chez vous, mais dehors, dans un coin abrité du jardin, au pied d'un mur bien exposé par exemple. Même si ces plantes en godets sont plus sensibles au froid, elles sont rustiques et préfèrent le grand air.

Les potées fleuries

Les fleurs vendues en conteneurs sont plus chères. Vous les trouverez plus tard en saison, au printemps, voire au début de l'été. Déjà bien développées et fleuries, elles sont un bon moyen de compenser un manque dans votre composition, mais leur reprise au jardin peut s'avérer délicate. Essayez de leur laisser la motte la plus intacte possible lors de la plantation (voir p. 19). Arrosez copieusement et régulièrement au cours de l'année qui suit la plantation.

Pélargoniums en godets.

Pélargoniums en pots.

Les conseils d'achat des jeunes plants en godets sont également valables pour les potées fleuries (voir p. 12). Mais soyez intransigeant sur deux points : l'arrosage et la silhouette de la plante. Achetez des plantes dont la terre est humide au toucher en surface ; cela signifie qu'elles n'ont pas souffert du manque d'eau.

Préférez les plantes bien ramifiées dès la base à celles plus hautes mais en « chandelle ». Les premières ont été traitées correctement par des tailles successives pour obtenir une bonne ramification et elles ont reçu suffisamment de lumière. Plutôt que le nombre de fleurs épanouies, privilégiez la quantité de boutons prêts à s'ouvrir ; celle-ci vous garantira la longévité de votre plante.

Les bulbes en repos

Le bulbe contient toutes les réserves nécessaires à l'épanouissement de la nouvelle fleur. S'il est sain, bien conservé et de belle taille, il vous promet des fleurs de qualité. Dans les autres cas, vous risquez d'être déçu plus tard.

Pour choisir un bulbe de bonne qualité, il faut ouvrir l'œil et le toucher. Détournez-vous de tous les sachets qui sont entreposés dans un magasin chauffé, surtout pour les bulbes à planter à l'automne (tulipe, narcisse, jacinthe, etc.). Il y a fort à parier que ces bulbes ne supporteront pas de retourner au froid dans votre jardin. De même, lorsque le germe, et parfois même les premières feuilles, sont visibles, n'achetez pas : le bulbe a eu trop chaud et se croit déjà en terre. Ne lésinez pas sur la grosseur : plus le bulbe est gros et plus la floraison sera spectaculaire. Pour de nombreuses espèces, il existe un minimum garant de qualité : les crocus doivent avoir au moins une circonférence de 9 à 10 cm (on parle de calibre), les tulipes, de 12 à 14 cm, et les jacinthes, de 17 à 18 cm. Les narcisses sont classés en catégories symbolisées par les lettres DN : des narcisses DN2 (DNII) ou DN3 (DNIII) donneront de nombreuses fleurs ; en dessous : méfiance ! Enfin, tâtez chaque bulbe : il doit être ferme et souple à la fois, ce qui prouve qu'il n'est ni pourri ni sec.

Combien de bulbes faut-il planter ?

C'est en masse que les bulbes font le plus d'effet, surtout ceux à floraison printanière.

Plantez ceux de petite taille (crocus, muscari, perce-neige et anémone blanda) par groupe de 25 à 30 au même endroit ; les tulipes, narcisses et jacinthes par groupe de 10 au minimum. N'hésitez pas à les disposer les uns à côté des autres pour obtenir un effet spectaculaire. Le meilleur écartement est de 12 à 15 cm pour les tulipes et les narcisses et moins d'une dizaine de centimètres tout au plus pour les crocus et les autres petits bulbes.

Choisissez un emplacement proche de la maison pour tous les bulbes à floraison printanière. Vous pourrez les admirer également de votre intérieur.

Pour avoir des fleurs tout l'été, il est préférable d'échelonner tous les 15 jours les plantations de glaïeuls, freesias, renoncules et anémones, entre avril et juillet.

Attention aux moisissures ! En hiver, la terre est souvent humide et les moisissures trouveront donc une atmosphère idéale pour se développer et pourrir le bulbe. Regardez si ceux que vous avez choisis ne portent pas des traces brunes ou rougeâtres, signes de leur présence.

Installer les plantes

La préparation du terrain

C'est la terre qui va nourrir vos plantes. Bien la préparer, l'aérer, l'affiner, l'enrichir, c'est mettre toutes les chances de votre côté pour obtenir un jardin fleuri d'avril à octobre et même plus. Procédez massif par massif, au fur et à mesure de vos désirs de plantation dans l'année qui va suivre. Vous pourrez très bien, une fois votre plan établi, décider de ne réaliser qu'un seul massif de fleurs par an.

Attendez que la terre de la partie que vous avez décidé de fleurir soit suffisamment sèche, mais elle ne doit pas partir en poussière. Éliminez les grosses mottes contenant les racines des mauvaises herbes, les cailloux et les grosses pierres. Bêchez alors sur la profondeur d'un fer de bêche (environ 30 cm) afin de la rendre perméable à l'air et à l'eau et d'enterrer de la matière verte (mauvaises herbes, par exemple) qui va se décomposer lentement en nourriture pour vos plantes. C'est aussi l'occasion d'enrichir le terrain en enfouissant du compost, de la tourbe s'il est vraiment très lourd (la terre colle à votre bêche), du terreau ou tout autre engrais organique s'il est pauvre (de couleur généralement très claire), ou, à défaut, un engrais complet.

Une fois ce premier bêchage effectué, la surface de votre massif ressemblera plutôt à des montagnes russes ! Qu'importe, si vous commencez votre jardin à l'automne, vous avez tout le temps de vous reposer puisque le froid, le gel et les autres intempéries affineront la terre à votre place. Si, au contraire, vous débutez au printemps, cassez les mottes avec une griffe ou une serfouette et attendez une quinzaine de jours avant de vous attaquer à la plantation.

Quinze jours plus tard, votre terre s'est naturellement un peu tassée. Achevez son affinage en passant le râteau.

Le semis

La bonne période

La plupart des **fleurs annuelles** se sèment de mars à début juillet. Plus vous semez tard, plus vous aurez des fleurs tardivement. Vous pouvez ainsi avoir des floraisons échelonnées en décalant vos semis d'une quinzaine de jours Les **fleurs bisannuelles** se sèment entre juillet et août.

Les **fleurs vivaces** se sèment comme dans la nature, après leur floraison, généralement en fin de printemps ou en été. Le semis aura toujours lieu en fin de printemps ou en été, en pépinière ou dans un coin abrité du jardin. Les vivaces à semer sont,

Semez plus que nécessaire

Les graines sont vivantes. Il arrive, malgré des conditions de germination idéales, qu'elles ne poussent pas. Aussi est-il prudent de semer toujours plus de graines que l'on a besoin de plantes.

en général, des fleurs sans histoire et leur semis est quasiment inratable !

Si les annuelles fleurissent l'année même du semis, par définition, les vivaces ne s'épanouiront que l'année suivante, voire deux années après le semis.

La méthode

Vous pouvez semer la **plupart des annuelles** directement en place, à la volée pour une disposition plus naturelle. Semez par grande tache pour obtenir un effet de masse, car c'est ainsi que ces fleurs éphémères font le plus d'effet. Il est inutile de travailler le sol en profondeur, d'autant que cela est difficile dans des massifs déjà plantés de fleurs vivaces ou de bulbes. Avec une griffe, cassez la croûte de terre en surface. Ôtez les mauvaises herbes s'il y en a. Si le temps est sec, arrosez en pluie fine la veille du semis ; la terre humide en profondeur favorisera la germination. Recouvrez d'une fine couche de terreau bien émietté. Tassez avec le dos du râteau et arrosez doucement avec un arrosoir muni d'une pomme. Maintenez la terre humide jusqu'à la levée de manière à ce que les plantes soient suffisamment développées pour supporter une certaine sécheresse.

Les **espèces les plus frileuses** préféreront un semis en caissettes, conservées au chaud, chez vous, en serre ou sous un châssis, selon les exigences de chacune, car elles ont besoin de beaucoup de chaleur pour germer.

Semis d'impatiens en caissette.

Enfin, d'autres **espèces délicates** ont besoin de conditions idéales de germination. Elles sont donc semées en pépinière, c'est-à-dire dans un endroit très abrité du jardin, chaud, mais pas trop ensoleillé, où la terre a été considérablement allégée par des apports de sable et de tourbe.

Semis de coréopsis en pépinière.

Le repiquage

Lorsque les jeunes plants semés en caissette ont 3 ou 4 feuilles bien développées, il faut alors les repiquer, c'est-à-dire les planter en godets pour qu'ils forcissent avant plantation à leur place définitive.

Cette étape est nécessaire : les racines de ces jeunes plants sont encore peu développées. Il faut leur offrir un milieu favorable à leur croissance avant de les planter au jardin. Ainsi les racines seront suffisamment fortes pour supporter la transplantation et fleuriront plus rapidement que si vous les aviez transplantées directement en place. Remplissez vos godets avec un terreau spécial semis. Faites un avant-trou à l'aide d'un bâton dans chaque

motte de terre hors de la caissette avec la pelle-plantoir et posez-la sur une soucoupe pour démêler l'écheveau des racines. Placez chaque plantule dans un godet et tassez fortement autour avec les doigts. Arrosez abondamment et maintenez la terre humide par la suite, mais sans excès.

Repiquage de jeunes agératums dans des godets.

pot. Séparez délicatement les jeunes plantes en préservant leurs fines racines. Soulevez délicatement la

La finesse des graines

Les graines fines, comme celles des bégonias, sont difficiles à répartir lors du semis tant le volume de graines est petit. Pour augmenter ce volume, il suffit de mélanger la quantité de graines à semer avec du sable lorsqu'elles sont de couleur foncée et avec du marc de café sec si elles sont claires. Ce contraste de coloris vous permettra de juger de l'homogénéité de votre semis.

Autre point important : la finesse du terreau employé. Pour offrir de bonnes conditions de germination, votre terreau doit être aussi fin que vos graines ou presque. Tamisez-le à l'aide d'une passoire de ménage.

Enfin, plus les graines sont fines et moins elles ont besoin d'être recouvertes ou semées profondément.

L'éclaircissage

Même si vous répartissez bien vos graines, quand les plantules ont 3 à 5 feuilles, il faut éclaircir les semis effectués en place ou en pépinière, c'est-à-dire enlever les plantes les plus faibles pour laisser un espace juste un peu plus petit que le diamètre de la plante. Celles qui restent pourront ainsi devenir plus vigoureuses. Selon les variétés et leur vigueur, vous laisserez davantage de distance entre chaque jeune plant.

Éclaircissage de jeunes plants de phlox.

La plantation

La bonne période

Les jeunes plants de **vivaces**, achetés en godets ou produits par vos soins, se plantent soit en septembre-octobre, soit en mars-avril. C'est à ces périodes que les jardineries et les pépiniéristes proposent le plus grand choix. La plupart des espèces n'ont pas de préférence entre ces deux périodes, sauf les plus sensibles au froid et à l'humidité qui apprécieront davantage une plantation printanière.

Les **annuelles** en godets se plantent entre la mi-avril et la mi-mai au jardin comme en jardinière, lorsque les risques de gelées printanières ne sont plus à craindre dans votre région.

Les **bulbes** qui fleurissent au printemps (tulipe, narcisse, crocus, etc.) sont à installer à l'automne, ceux qui fleurissent en été (dahlia, canna, bégonia, etc.) au printemps, de la mi-avril à la fin mai, et ceux qui fleurissent à l'automne (colchique, cyclamen de Naples, etc.) en été.

N'envisagez pas la plantation un jour de très grand soleil ou alors attendez la fin de l'après-midi pour commencer : le jeune feuillage prendrait alors un « coup de chaud » et la plante ayant souffert reprendrait avec quelques difficultés.

La plantation en godets

Faites tremper tous les godets des plantes dans une bassine pendant quelques minutes. Ainsi, la motte bien humide ne se défera pas lorsque vous la dépoterez. Les racines gorgées d'eau pourront continuer à alimenter la plante les premiers jours, le temps qu'elle s'habitue à ce nouvel espace, avant d'aller puiser l'eau dans le sol.

Disposez vos godets sur la surface préparée. Respectez les distances de plantation préconisées : environ 15 à 20 cm pour les bordures, 30 cm pour les plantes de taille moyenne, et 40 à 50 cm, voire davantage, pour les plantes hautes. Dépotez chaque plante en pressant doucement sur les parois du godet et en tirant délicatement sur la base de la plante. Griffez très superficiellement les parois de la motte pour dégager les petites racines qui y sont plaquées et les encourager à croître et à se ramifier. Creusez un trou de telle façon que la motte de terre affleure le niveau du sol. Refermez et tassez fortement avec les deux mains.

Une fois toutes les plantes en place, arrosez abondamment, même s'il pleut, pour assurer ainsi une bonne reprise. S'il ne pleut pas régulièrement dans les semaines qui suivent la plantation, renouvelez

Plantation d'astilbes achetées en godets.

Ôtez les fleurs

Les plants vendus en godets sont déjà fleuris pour faire envie. Une fois vos godets mis en place, coupez toutes les fleurs pour forcer vos plantes à se ramifier et à prendre de l'ampleur. Un mois plus tard, vous aurez ainsi davantage de fleurs.

La plantation des potées fleuries

Lors de la plantation des potées fleuries, prenez garde à ne pas perturber leurs racines. Si vous les plantez en pleine terre, faites-les tremper, avant de retirer les plantes de leur conteneur, dans une grande bassine d'eau pour que la motte de terre soit détrempée. Elle restera ainsi intacte lorsque vous l'ôterez de son pot et les racines reprendront plus facilement leur croissance. Coupez le conteneur au lieu de tirer la motte pour éviter qu'elle ne se casse. Glissez-la dans le trou de plantation aussi intacte que possible. Ne l'enterrez pas trop, le haut de la motte doit affleurer la surface du sol. La floraison peut connaître une courte pause juste après la plantation.
Vous pouvez aussi enterrer la plante avec son pot directement au milieu de votre massif. Ainsi, les racines des plantes ne sont pas dérangées lors de la plantation. Habituée à sa vie en conteneur, la plante continuera de fleurir comme si rien ne s'était passé.

cet arrosage pour maintenir la terre humide, mais pas détrempée.
Attention aux mauvaises herbes : elles apprécient également la préparation soignée de la terre que vous avez réalisée pour vos fleurs. Désherbez régulièrement à la main.

La plantation des bulbes

Il existe une astuce pour déterminer à quelle profondeur il faut planter un bulbe : installez-le à une profondeur au moins égale à deux fois et demi sa hauteur. Mais il n'y a pas de règle sans exception ! Les fritillaires, les colchiques et les lis demandent à être plantés un peu plus profondément, tandis que les bégonias, les iris de jardin et les cyclamens préfèrent affleurer la surface du sol.
Les bulbes ont des formes variées, parfois tarabiscotées, et il n'est pas toujours facile de savoir dans quel sens il faut les planter :
– les bulbes « pointus » (narcisses, tulipes, lis, jacinthes, glaïeuls, crocus) se plantent la pointe vers le haut ;
– les bégonias et les cyclamens de Naples, le creux vers le ciel ;
– les dahlias, le reste de tige sec de l'année précédente vers le haut.

Et, si vous avez un doute, plantez-les de profil, sur le côté : la tige trouvera toujours le chemin du soleil.
Si vous plantez vos bulbes parmi d'autres plantes (vivaces, arbustes) ou dans la pelouse, vous procéderez un par un. Pour les plus petits, vous utiliserez un plantoir à bulbe. Pour les plus volumineux, comme les dahlias ou les lis, il vous faudra creuser un trou à la pelle-plantoir,

Plantation de bulbes de glaïeul.

Les fleurettes d'accompagnement

Si vous souhaitez planter des myosotis ou des pensées au même endroit que vos bulbes, faites-le en même temps que la mise en place de tulipes. Ensuite vous risqueriez d'endommager vos bulbes.

Faut-il planter les bulbes tous les ans ?

Les tulipes botaniques, les narcisses, les crocus, les colchiques, les cyclamens de Naples et l'anémone blanda n'ont pas besoin d'être plantés chaque année : ils se naturalisent dans le jardin. Une fois en place, traitez-les comme des plantes vivaces. Attendez que leur feuillage jaunisse après la floraison pour le tailler à ras. Incorporez à leur pied de la poudre d'os ou de corne broyée au printemps.

assez vaste pour bien étaler les divisions de tubercules, par exemple, des dahlias.

Il est bon, quel que soit votre terrain, de glisser dans chaque trou une poignée de **sable** afin que le bulbe soit au sec et bien calé. Surtout n'employez pas un plantoir conique, vous laisseriez entre la base du bulbe et la terre une poche d'air néfaste à la croissance des racines. Les bulbes de printemps plantés en masse (tulipes, narcisses, crocus, etc.) produisent un bel effet. Plantez-les par groupe d'au moins 10 à 20 de la même variété. Creusez un espace suffisant pour les contenir tous sur une douzaine de centimètres de profondeur. Placez les bulbes en quinconce d'un rang à l'autre : vous casserez ainsi la régularité de votre plantation en ligne. Étalez au fond de votre trou une bonne couche de sable de rivière. Il facilitera l'écoulement de l'eau en profondeur et vos bulbes seront plus au sec au cours de l'hiver. Cette opération est indispensable si votre sol est lourd, c'est-à-dire si la terre colle aux outils. Calez chaque bulbe, la pointe vers le haut, en lui faisant effectuer un mouvement de rotation. Recouvrez de terre et tassez fortement, mais n'arrosez surtout pas.

La plantation dans la pelouse

Les pelouses émaillées de fleurettes printanières vous tentent ? Vous avez raison, c'est un spectacle champêtre charmant. Choisissez des espèces qui se naturalisent pour vous éviter la plantation chaque année. Il est indispensable de laisser le feuillage jaunir avant de le couper. Optez pour des bulbes à végétation courte, donc à floraison très précoce : perce-neige, crocus, de préférence botaniques (ce sont les plus précoces), narcisse cyclamineus, certaines scilles.

Entretenir les fleurs

L'arrosage

Les fleurs sont gourmandes en eau. Leurs besoins connaissent un pic lorsque leurs corolles s'épanouissent. Ils sont d'autant plus importants qu'elles sont plus florifères. Cela correspond malheureusement bien souvent à une période estivale durant laquelle l'eau du ciel se fait rare. Il vous faudra donc compenser ce manque de pluie par des **arrosages répétés et réguliers**.

Ne concevez pas l'arrosage comme une corvée, mais plutôt comme une promenade parmi vos fleurs au moment où elles exhalent tous leurs parfums, leurs effluves se mêlant à l'agréable fraîcheur de l'eau. C'est aussi l'occasion d'inspecter vos fleurs, de vérifier que des parasites ne menacent pas leur beauté. Si tel est le cas, vous pourrez éliminer à la main les quelques importuns avant qu'ils ne soient trop nombreux et ainsi juguler l'attaque sans avoir recours aux produits de traitement.

Les **apports d'eau du soir**, lorsque le soleil devient rasant, sont les plus efficaces pour deux raisons :

- Les plantes ont transpiré toute la journée et ont épuisé leurs réserves

Le paillage

Le paillage limite les pertes d'eau du sol par évaporation et, ainsi, réduit la fréquence des arrosages. Cette couche opaque à la lumière, qui doit avoir au moins 5 à 6 cm d'épaisseur, empêche les mauvaises herbes de pousser. Avant d'étaler le matériau de paillage, un désherbage soigné s'impose, car des mauvaises herbes suffisamment développées sont parfaitement capables de percer la couche de paillage alors que des jeunes plantules n'y parviendront pas. En hiver, sa présence empêchera la terre de se refroidir trop fortement et protégera ainsi du froid les fleurs les plus fragiles.

De nombreux matériaux fournissent un excellent paillage : écorces de pin finement broyées, mulch d'écorces de pin, paillettes de lin, écorces de cacao broyées, tourbe, plastique noir, feuilles mortes ou tontes de gazon, etc. Vous choisirez en fonction du prix ou de l'aspect décoratif.

Pailler tous les massifs de fleurs est l'idéal. Si vous reculez devant l'ampleur de la tâche, réservez cette protection aux fleurs les plus gourmandes et aux plantes vivaces nouvellement plantées au printemps.

en eau. Le soir, elles ont très soif. Elles n'auront pas trop de toute la nuit pour reconstituer leur stock et attaquer du bon pied la prochaine journée.

– La nuit, la chaleur étant moins intense, l'évaporation est réduite. L'eau que vous apportez a ainsi tout le temps de s'écouler en profondeur au lieu de se transformer en vapeur d'eau.

N'arrosez pas en pleine journée sauf pour une intervention d'urgence, une plante qui se flétrit à vue d'œil par exemple. Arrosez-la alors délicatement à l'arrosoir, au pied, sans mouiller le feuillage.

Vous améliorerez la pénétration de l'eau dans le sol si vous **griffez** régulièrement et superficiellement la terre au pied des plantes. Vous évitez ainsi la formation d'une croûte presque impénétrable.

Arrosez moins souvent, mais apportez à chaque fois de grandes quantités d'eau. Vous habituerez ainsi les racines des fleurs à aller chercher l'eau en profondeur, à se débrouiller un peu toutes seules en cas de sécheresse passagère. Les fleurs seront aussi plus solides. Si vous arrosez un peu tous les jours, elles vont développer des racines en surface et seront très sensibles au manque d'eau.

L'arrosage des potées fleuries

Tout l'été, arrosez abondamment les fleurs que vous avez plantées déjà épanouies, en grosses potées, car les racines de ces plantes mises en terre tardivement ne sont pas encore capables d'aller chercher de l'eau en profondeur.

Pour prolonger leur floraison, coupez régulièrement leurs fleurs fanées. Elles en ont davantage besoin que toutes les autres plantes du jardin.

Le tuteurage

Touffes de pivoines aux corolles opulentes, grands delphiniums qui semblent vouloir toucher le ciel, dahlias à la tête si pesante… autant de fleurs qui ont besoin d'un soutien. Mais ne transformez pas votre

Tuteur en cercle utilisé pour l'ancolie.

tation et que vous vous astreignez à une certaine unité. S'il est laid de voir se côtoyer un tuteur en bambou, un piquet de châtaignier et un fer à béton, un jardin entièrement tuteuré avec des fers à béton ne manque pas de charme. Jouez l'humour si vous ne pouvez les camoufler : peignez vos tuteurs de couleurs vives qui feront écho avec celles de vos fleurs.

Adaptez le tuteur à la taille de vos fleurs. On voit trop souvent de superbes massifs de cosmos ou de nigelles de Damas, à la silhouette vaporeuse, serrés sur un tuteur trois fois plus gros que leurs tiges. Un bon tuteur doit respecter le port naturel de la fleur.

Pour les **plantes de taille moyenne** (80 cm à 1 m), employez des tuteurs en cercle. Certains modèles vous permettent de fixer le cercle de maintien à la hauteur que vous désirez. Ainsi, vous pouvez suivre la croissance de la plante en le plaçant bas au départ et en le remontant au fil de la saison, jusqu'à 40 à 50 cm du sol : c'est largement suffisant pour maintenir solidement vos plantes. Pour les **plantes plus hautes** qui voisinent 1 m et plus, plantez à l'exté-

jardin en champ de tuteurs : la première qualité d'un soutien est la discrétion.

Peu importe le **matériau** employé pourvu qu'il se noie dans la végé-

Et pour celles qui grimpent...

Les plantes grimpantes ont aussi besoin d'un support pour s'élever vers le ciel. On ne peut pas à proprement parler de tuteurage, mais cela y ressemble fort. Là, la discrétion n'est pas de mise, bien au contraire, et ces éléments en hauteur, destinés à les soutenir, structurent les massifs, car ils dominent toutes les autres fleurs. Choisissez-les en fonction du style de votre jardin. Un jardin naturel se contentera de constructions maison en branches de bouleau ou en tiges de bambou, regroupées en tente indienne en leur sommet. Les côtés peuvent s'habiller de grillage à maille fine. Dans un jardin aux lignes rigoureuses, à la française, vous pouvez faire plus sophistiqué en vous procurant obélisque, boule, cercle et pyramide de métal sur lesquels guider vos plantes grimpantes.

Tuteurage d'un tournesol.

rieur de la touffe 3 ou 4 tuteurs en bambou un peu plus petits que la plante adulte (environ un tiers). Enroulez un lien autour en spirale montante au fur et à mesure que la plante grandit.

Enfoncez les tuteurs dès la plantation. Si vous les mettez en place plus tard, vous risquez d'endommager les racines des plantes en les enfonçant, surtout pour les bulbes qui, une fois transpercés, ne s'épanouiront pas.

Le **lien** est au moins aussi important que le tuteur. Trop voyant, il attirera le regard sur ce qui se veut fondu dans la nature. Préférez le vert ou le naturel, de type raphia, au lien plastique à armatures. Coupez les bouts à ras après avoir noué le lien. Ne serrez pas trop les tiges : la sève ne passera plus ou circulera mal et la plante dépérira sans cause évidente. Le mieux est d'enrouler le raphia autour du tuteur et de la tige en décrivant un huit. Commencez à attacher à environ 15 à 20 cm du sol.

L'élimination des fleurs fanées

La formation des fruits puis la maturation des graines sont les évolutions naturelles de la fleur fanée. Dans la plupart des cas, on empêche cette transformation normale, car elle demande beaucoup d'énergie à la plante, le plus souvent, aux dépens d'autres éclosions de fleurs. Aussi est-il important, pour maintenir une longue floraison, d'ôter régulièrement les fleurs fanées. Certaines en ont davantage besoin que d'autres. Aussi l'avons-nous alors indiqué dans chaque fiche.

Toutefois, cette évolution de la fleur en graines est souhaitable si vous voulez récolter vos propres graines pour les semer l'année suivante et faire ainsi l'économie d'un sachet de graines. Récupérez les graines lorsqu'elles sont mûres et sèches. Leur teinte brune plus ou moins foncée est un bon indicateur. Le plus souvent, elles se détachent

Élimination des fleurs fanées de la verveine.

La conservation des graines

Étiquetez chaque tube : ne faites pas confiance à votre mémoire, car 5 mois environ s'écoulent entre la récolte et le nouveau semis. Si vous êtes jardinier débutant, vous aurez du mal à identifier vos graines. Et même si, plus expérimenté, vous faites facilement la différence entre un œillet d'Inde et un cosmos, gageons que vous aurez quelques difficultés à déterminer, pour chacune, les variétés.

d'elles-mêmes du reste de la fleur qui les portent. Recueillez-les par temps sec depuis 2 à 3 jours, car les graines humides ne se conservent pas.

Une fois la récolte accomplie, protégez vos graines de l'humidité : le mieux est de recycler des tubes de comprimés effervescents pour les conserver. Munis d'une capsule contenant un élément dessiccatif, ils conservent vos graines bien au sec. Sinon, entreposez-les dans des enveloppes de plusieurs épaisseurs de papier journal et dans un lieu parfaitement sec.

La chaleur est surtout nuisible quand elle s'accompagne d'humidité : en effet, dans ces conditions de semis idéales, les graines vont entamer leur germination et ne se conserveront pas. Enfin, dernier ennemi, le froid, et surtout le gel. Bon nombre de fleurs annuelles sont d'origine exotique et sont sensibles au froid. Le froid peut réduire à néant leur faculté à germer l'année prochaine.

Le nettoyage des massifs

Que faire après la floraison ?

Dès que le gel a sévi, les **fleurs annuelles** ne valent plus rien : arrachez toute la végétation. Lorsque la floraison s'arrête, avec les premières chaleurs du printemps bien souvent, arrachez les **fleurs bisannuelles**. Évitez de tout jeter sur le tas de compost : ces débris contiennent encore des graines et vous risquez de les répandre dans votre le jardin en même temps que le compost. Si ce sont des plantes que vous

Arrachage des capucines après les premières gelées.

appréciez dans certains de vos massifs, il n'est pas dit que vous souhaitez en avoir partout dans le jardin ! Une fois défleuris, coupez soigneusement toutes les fleurs fanées des **bulbes à floraison printanière** et arrosez une fois par semaine avec un engrais spécial plantes fleuries pour encourager la reconstitution des réserves et une nouvelle floraison aussi éblouissante l'année prochaine. Opérez ainsi jusqu'au jaunissement du feuillage. Arrachez les **bulbes d'été frileux** (canna, dahlia, bégonias, etc.) dès que les premiers froids ont noirci leur feuillage. Coupez le feuillage, soulevez délicatement la motte de terre contenant le bulbe avec la fourche-bêche sans le blesser et arrachez. Laissez-le sécher au soleil quelques heures et ôtez au maximum les restes de terre. Conservez-le dans un local sec, frais, hors gel et aéré, dans de la tourbe ou du sable un peu humide.

Suppression des fleurs fanées et des feuilles jaunies d'un iris.

L'entretien des **fleurs vivaces** après la floraison (en début d'été pour les floraisons printanières ou en automne pour les floraisons estivales et automnales) consiste à favoriser un bon repos de la végétation pendant l'hiver, éviter la propagation de maladies qui subsisteraient sur les restes de végétaux en place et à

Prélèvement d'une motte de terre contenant un bulbe d'arum.

Touffes de géranium coupées à quelques centimètres du sol.

Paillis de feuilles mortes autour d'un penstémon.

améliorer le sol au pied des plantes. Coupez à 10 cm du sol toute la végétation morte (fleurs fanées et, à l'automne, les tiges noircies par le froid), sauf pour les espèces sensibles au froid. Ramassez tous les déchets pour les brûler ou les jeter, mais pas sur le tas de compost. Protégez du froid les plantes les plus fragiles en étalant sur la souche une bonne couche de feuilles mortes et attendez le printemps pour les couper.

Au printemps

Dès l'apparition des premières pousses des plantes vivaces, coupez toutes les vieilles branches que vous auriez laissées, à l'automne, pour protéger les souches les plus fragiles. Griffez la terre au pied de chaque plante et éliminez les mauvaises herbes. Apportez en surface un peu de terreau, de compost ou d'engrais organique pour stimuler la reprise de vos plantes.

Attention aux limaces et aux escargots !

Après la plantation, prenez garde aux limaces et aux escargots : ils sont friands de ces jeunes feuilles bien tendres que vous leur apportez sur un plateau, d'autant que vous maintenez la terre bien humide autour ! Des granulés antilimaces vous seront d'un grand secours, à renouveler presque à chaque arrosage, pendant 15 jours à 3 semaines, le temps que le feuillage se développe. Ensuite, ces voraces les trouveront moins à leur goût. Et même s'ils continuent d'en faire leur repas, il y aura suffisamment de végétation pour oublier leurs dégâts.

La division

Si certaines plantes vivaces ont pris trop d'ampleur et fleurissent moins, il est temps de les diviser. La division consiste à couper en deux ou davantage une touffe de fleurs vivaces. Elle est employée non seulement pour multiplier mais, surtout, pour donner un coup de jeune à la plante ou limiter ses ardeurs expansionnistes. Il est indispensable de diviser tous les 3 ou 4 ans, voire plus fréquemment pour les plus vigoureuses.

Le tout début du printemps ou l'automne sont les deux périodes favorables à cette opération. Commencez par délimiter la motte à extraire avec les racines : plantez votre fourche-bêche verticalement à une dizaine de centimètres tout autour de la plante. Soulevez délicatement la motte en faisant levier sur le manche de votre fourche-bêche. Finissez à la main pour détacher les dernières racines qui s'accrochent. Posez la touffe à plat sur le sol et, d'un coup sec, sectionnez-la en deux avec le tranchant de la bêche. Vous pouvez aussi employer un solide couteau de jardin. Séparez les éclats à la main et nettoyez-les de leurs feuilles mortes avant de les planter séparément en respectant pour chacun les distances de plantation préconisées. Ne les faites pas attendre, vous compromettriez leur reprise. Tassez et arrosez après la plantation pour favoriser l'émission de nouvelles racines après cet arrachage. Si vous ne plantez pas tous les éclats, faute de place, donnez-les, par exemple, à vos voisins.

Le déplacement des fleurs vivaces

La plupart des fleurs vivaces disparaissent entièrement de la surface du sol en hiver. Certaines, fleurissant en été ou à l'automne, se font attendre jusqu'en mai, si bien que vous pouvez les croire mortes. Patience, vous avez tout votre temps pour déplacer (si vous souhaitez par exemple refaire un massif) ou diviser vos vivaces ; intervenez lorsqu'elles montrent les premiers signes de croissance (apparition de jeunes tiges, par exemple).

Section d'une touffe avec le tranchant de la bêche.

Composer des massifs de fleurs

Pour dessiner sur le terrain les contours de vos massifs, utilisez votre **tuyau d'arrosage**. C'est un bon guide, car il est assez souple pour se plier à vos exigences et vous évite de tomber dans le travers de courbes trop prononcées qui vous donneront bien des soucis lors des tontes si votre massif est bordé de pelouse. En outre, une bordure trop sinueuse est rapidement masquée par la végétation : en un an, votre plan sera gommé, une impression de fouillis, pas toujours souhaitable, se dégagera de votre jardin.

Une fois le tracé déterminé, matérialisez le bord avec des piquets disposés tous les 1 à 2 mètres selon la sinuosité du tracé. Creusez une rigole d'environ 20 cm de profondeur en suivant la limite de votre massif. Faites une coupe bien verticale le long de celui-ci. Répartissez la moitié de la terre retirée sur la surface de votre massif. Vous pouvez matérialiser la limite de ce dernier par une **bordure** pour qu'elle reste bien nette. Vous trouverez dans le commerce des bordures de plastique ondulé, peu solides et peu durables, mais d'un prix fort modique. Considérez-les comme provisoires : elles sont pratiques si vous hésitez encore sur le style des bordures que vous souhaitez implanter dans votre jardin. Les matériaux les plus durables sont le ciment, la brique et les demi-rondins de bois exotique imputrescible ou de pin traité. Vous utiliserez l'autre moitié de la terre pour enfouir, en partie, la bordure mise en place ; elle sera ainsi mieux maintenue.

Avant de vous lancer dans vos achats, faites le compte de vos besoins en mesurant la surface de votre massif et en disposant les plantes sur une feuille de papier. Il vous suffit de matérialiser chaque

espèce (par groupe de 3 au moins) avec un symbole distinct en respectant les distances de plantation. Selon la taille des fleurs vivaces, vous laisserez entre 10 et 30 à 40 cm entre chacune d'elles. N'oubliez pas de prévoir l'**emplacement** des arbustes s'il y a lieu. Les plus hautes plantes prendront place au fond si le massif est contre un mur ou un rideau d'arbustes, ou au centre si l'on peut circuler tout autour. Faites-vous une liste précise avec le **nombre de plantes** nécessaires pour chaque variété choisie et allez faire vos emplettes.

Cultiver des fleurs en pot

Cultiver des fleurs en pot exige de soigner leur plantation, d'être attentif à leur alimentation en eau et en éléments nutritifs, de surveiller les attaques de parasites qui s'y propagent beaucoup plus vite qu'au jardin, trouvant là des conditions de vie plus favorables, et de les protéger du froid, elles y sont plus sensibles que lorsqu'elles sont plantées en pleine terre.

Tout d'abord offrez-leur un cadre de vie à leur mesure. Le volume de terre à la disposition des racines est, par définition, réduit en raison de la **dimension du pot**. Un arbuste en bac demande au moins 40 à 50 cm de profondeur, une plante vivace entre 30 et 40 cm et une fleur annuelle s'épanouira dans à peine 20 cm. Vos jardinières auront au minimum 15 à 20 cm de large. Vous pourrez ainsi disposer vos plantes sur deux rangs en quinconce : l'effet sera beaucoup plus élégant. Si vous laissez un peu d'espace entre chaque plant (environ 10 cm, soit 5 ou 6 plantes pour une jardinière de 60 cm de long), les fleurs auront la place de s'épanouir et fleuriront jusqu'aux gelées.

Le **drainage** est essentiel. On a souvent la main lourde lorsque l'on arrose des pots, mais les fleurs ont horreur d'avoir les pieds dans l'eau. Il est donc judicieux de placer au fond du pot une bonne couche de

vous ne la videz pas, isolera la terre du contact de l'eau. Vous pouvez perfectionner le système en recouvrant cette couche drainante avec un feutre de drainage, le plus souvent de couleur grise : il empêchera la terre de se mêler aux billes d'argile, diminuant d'autant leur pouvoir d'écoulement, car il laisse passer l'eau mais pas les particules terreuses. Vos fleurs n'ont que peu de **terre** à leur disposition. Il faut donc qu'elle soit la meilleure possible. Elle doit être riche en aliments, bien retenir l'eau des arrosages et ne pas être trop lourde, surtout si vous suspendez vos pots et jardinières aux fenêtres. Le meilleur substrat est un terreau spécial balcon vendu dans le commerce, son seul défaut étant son prix. Vous pouvez très bien le remplacer par un mélange pour moitié de tourbe, légère et absorbante, et de terreau ordinaire, riche en aliments. Il est indispensable de changer la terre de vos jardinières d'annuelles tous les ans. Ce sont des plantes gourmandes : en une saison, elles ont complètement épuisé les ressources de votre terreau, malgré vos apports complémentaires d'engrais.

billes d'argile ou de graviers de 5 à 6 cm d'épaisseur : l'eau s'écoulera rapidement dans la soucoupe et, si

Si, pour un pot d'une seule variété, le problème de l'**agencement** ne se

Le système du goutte-à-goutte

Des pots et jardinières en grand nombre se transforment vite en corvée si vous n'avez pas recours à des systèmes d'arrosage automatisé. Le meilleur système est celui du goutte-à-goutte. Vous trouverez, dans toutes les jardineries, des kits pour pots et jardinières, faciles à installer. Vous devrez cependant leur prévoir un robinet destiné à cet effet. Ils se composent d'un tuyau général d'alimentation que vous brancherez sur l'arrivée d'eau avec ou non une horloge, d'un réducteur de pression et de tuyaux très fins à planter dans la terre de chaque pot. Enfin, les plantes en pots apprécient une petite douche au jet très fin de temps à autre, le soir, lorsque le soleil ne les menace plus de brûlures.

Les paniers fleuris

Les paniers suspendus tout prêts sont présents dans les jardineries. Ils vous sont proposés soit en une seule variété : pétunia, géranium-lierre, scaévola, brachycome ou bidens, pour les plus courants, soit en mélange.
Mais vous pouvez facilement créer vous-même votre propre composition pour personnaliser votre balcon. De nombreux systèmes vous sont proposés : le bac à réserve d'eau en forme de coupe, le panier garni d'un feutre vert, la coque en tourbe, compressée et moulée, ou en fibre de coco. Il est même possible d'employer de la mousse de sphaigne naturelle pour tapisser le fond du panier. Vous trouverez aussi un grand choix de potences simples ou décoratives. Certaines, à crémaillère ou à poulie, permettent de régler la hauteur de la suspension et surtout de la descendre pour l'arroser. En effet, l'arrosage d'une suspension n'est pas toujours chose aisée. Dans les jardins municipaux, les jardiniers emploient des lances prolongeant un tuyau d'arrosage. Adaptez ce système chez vous avec un pulvérisateur de jardin muni d'une lance.

pose pas, il est nécessaire de respecter un minimum de règles si vous souhaitez vous lancer dans les associations. À l'instar des massifs, les grandes fleurs iront derrière et les petites seront placées devant. Il est plus élégant d'ajouter à la composition une ou deux plantes qui retombent sur le bord du pot. Dépotez toutes les fleurs et disposez-les sur deux lignes, en quinconce, les basses et les retombantes devant. Si vous plantez très serré (les plantes se touchent), vous aurez un effet immédiat, qui se prolongera rarement au-delà du début du mois d'août, car les plantes s'étoufferont. Il est impératif de regrouper dans le même contenant des plantes aux exigences similaires en matière d'ensoleillement, de besoins en eau et en engrais.

Les fleurs en pot ont peu de terre autour de leurs racines ; elles ont donc besoin d'être régulièrement arrosées et fertilisées. L'été, un **arrosage** tous les 2 ou 3 jours est indispensable, ainsi que de l'**engrais** environ une fois par semaine, adapté aux plantes fleuries (riche en potasse). Nettoyez régulièrement les fleurs fanées et les feuilles jaunies ou sèches, car, sinon, vos potées prendront vite une allure négligée et le renouvellement de la floraison souffrirait de ces fleurs qui sont en train de produire des graines.
À l'automne, arrachez les annuelles et retirez la terre des pots. **Nettoyez les pots** à l'eau de Javel pour les débarrasser de toute trace de maladie qui contaminerait vos fleurs l'année suivante.

Comment lire les fiches

Difficulté de culture :
★ facile
★★ délicat
★★★ très délicat

Nom de la fleur

Type de végétation

Nom latin

Arbuste

Fuchsia

★★★

Fuchsia

Quand et comment cultiver

Cet arbuste préfère la mi-ombre, mais peut pousser au soleil s'il est suffisamment arrosé : il ne supporte pas les à-coups d'arrosage. Il apprécie les terrains riches et frais en été. Certaines variétés, issues du fuchsia de magellan (*F. magellanica*), sont capables de vivre en pleine terre jusqu'en Île-de-France. Les autres sont à cultiver en pots afin de les abriter du froid en hiver.

Plantez

En avril ou mai, quand ils vous sont proposés en fleur, plantez vos fuchsias dans des pots d'au moins 18 à 20 cm de diamètre, remplis de terreau spécial géraniums. Si vous les installez en pleine terre, ajoutez une pelletée de compost dans le trou de plantation.

Entretenez

En juin, après un arrosage copieux, étalez à la base des arbustes une bonne couche de tontes de gazon sèches ou de paillettes de lin.

Hauteur : *20 cm à 1,20 m*
Distance de plantation : *40 cm*
Floraison : *juin à septembre*
Arrosage :
Maladies et parasites : *pucerons, oïdium*
Idées d'association : *coléus, agératum, bégonia, sauge, œillet d'Inde*

96

L'ABC DES FLEURS DU JARDIN

Fiche technique : hauteur, distance de plantation, période de floraison, maladies et parasites, idées d'association

Les fleurs du jardin
de A à Z

★ Vivace

Achillée

Achillea

Sans exigence, les achillées prospèrent dans tous les sols bien drainés, mais savent profiter des terres riches. Elles sont idéales pour fleurir une zone très sèche du jardin en été. Plantez-les au soleil.

Quand et comment cultiver

Semez sous châssis

Entre avril et mai, dans un coin de châssis, répartissez les graines d'achillée de façon homogène. Ratissez délicatement pour les enterrer. Arrosez en pluie fine et maintenez bien humide jusqu'à l'apparition des premières feuilles, 3 semaines plus tard environ.

Repiquez

Un mois et demi à 2 mois plus tard, arrachez délicatement les jeunes plants et plantez-les dans un coin ombragé de votre pépinière. Opérez en dehors des périodes de grosses chaleurs.

Hauteur : *15 cm à 1 m*
Distance de plantation : *15 à 30 cm*
Floraison : *juin à août*
Arrosage :
Maladies et parasites : *acariens*
Idées d'association : *campanule, œillet, sédum*

Plantez

En août, plantez les jeunes achillées à leur emplacement définitif en les espaçant de 15 à 30 cm. Les premières fleurs apparaîtront dès l'année suivante. Vous pouvez aussi planter des achillées achetées en godets en septembre-octobre ou en mars-avril.

Entretenez

Chaque printemps, coupez tous les restes de végétation de l'année précédente à quelques centimètres du sol.

Les variétés conseillées

Petites : *A. umbellata* (15 cm) feuillage argenté, fleurs blanches.

Moyennes : *A. millefolium* 'Cerise Queen' (60 cm) rouge cerise et 'Summer Pastels' (60 cm) en mélange de coloris pastel.

Hautes : *A. filipendulina* 'Cloth of Gold' (1 m) feuillage très fin argenté, fleurs jaune d'or.

★★★ **Vivace**

Agératum

Ageratum mexicanum, A. houstonianum

Les agératums aiment le soleil, mais pas la chaleur écrasante. Offrez-leur une bonne terre de jardin qui reste toujours un peu humide en été. Ils sont vivaces mais non rustiques. Aussi sont-ils cultivés comme des plantes annuelles, en massif ou jardinière.

Quand et comment cultiver

Semez en pépinière

Entre avril et mai, semez les graines à la volée dans un coin de la pépinière. Ratissez pour recouvrir, tassez et arrosez en pluie fine. Maintenez bien humide jusqu'à l'apparition des premières feuilles 1 semaine plus tard.

Repiquez

Quinze jours à 3 semaines après le semis, plantez les jeunes agératums dans des godets remplis d'un mélange de terreau et de tourbe à parts égales, puis placez-les dans un endroit bien abrité (châssis ouvert). Opérez par temps gris.

Hauteur : *20 à 60 cm*
Distance de plantation : *15 à 20 cm*
Floraison : *juin à octobre*
Arrosage :

Maladies et parasites : *acariens*
Idées d'association : *géranium-lierre, pétunia, verveine rugueuse, dahlia*

Plantez

En mai, plantez les jeunes agératums à leur place définitive. Arrosez abondamment après la plantation, au goulot (arrosoir sans pomme). Vous pouvez également vous procurer des plants en godets, à mettre en place à la même période.

Les variétés conseillées

Naines : 'Blue Ball' (15 cm) bleu foncé ; 'Blue Mink' (15 cm) bleu vif.

Hautes : 'Red Sea' (60 cm) rouge foncé évoluant vers le pourpre à bleu-violet ; 'Bouquet Blanc' (60 cm) blanc ; 'Bouquet Bleu' (60 cm) bleu.

Arrosez régulièrement les agératums en été avec la pomme de l'arrosoir. Le feuillage ainsi aspergé est moins sujet aux attaques d'araignées rouges qui le font jaunir.

Entretenez

Juste après la plantation, coupez les premières fleurs qui apparaissent lorsqu'elles sont encore en bouton. Opérez de même sur les jeunes plants fleuris acquis dans le commerce.

En fin de saison, arrachez les agératums : ils ne fleurissent qu'une année sous nos climats.

Alysse odorante

Lobularia maritima

Ses gros coussins de fleurs au parfum de miel aiment le soleil : ils y exhalent davantage leurs senteurs. Les alysses prospéreront généreusement en terrain bien drainé. Plantez-les en bordure de massif ou en jardinière.

Quand et comment cultiver

Semez en caissette

En avril, dans une caissette remplie de terreau spécial semis, répartissez les graines en surface et recouvrez en émiettant du terreau. Tassez et arrosez en pluie fine. Maintenez bien humide et au chaud (15 à 18 °C) jusqu'à l'apparition des premières feuilles 3 semaines plus tard environ.

Les graines sont très fines. Le semis sera plus facile si vous les mélangez à du sable fin.

Éclaircissez

Quand les jeunes plants ont 3 à 4 feuilles, arrachez ceux en surnombre pour n'en conserver qu'un tous les 10 cm.

Hauteur : *5 à 15 cm*
Distance de plantation : *20 cm*
Floraison : *juillet à octobre*
Arrosage :

Maladies et parasites : *aucun*
Idées d'association : *panicaut, pied-d'alouette*

Plantez

Entre mai et juin, plantez les jeunes alysses odorantes à leur place définitive. Arrosez abondamment après la plantation, au goulot (arrosoir sans pomme). Vous trouverez à la même époque des plants en godets dans les jardineries, si vous ne les avez pas semés en avril.

Les variétés conseillées

'Tapis Royal' (10 cm) violet profond ; 'Aphrodite Mix' (15 cm) mélange pastel ; 'Snow Crystals' (15 cm) blanc pur.

Entretenez

En juillet, taillez très court après la première floraison (abondante), lorsque les fleurs se font de plus en plus clairsemées. Vous pouvez faire de même après un oubli d'arrosage.

En octobre, secouez les plantes sèches sur place : elles se ressèment spontanément. Puis arrachez et jetez. Repérez au printemps suivant les jeunes alysses et repiquez-les aux endroits voulus quand elles ont 3 à 4 feuilles.

★★ Vivace

Ancolie

Aquilegia

Au soleil ou à l'ombre, l'ancolie se contente de n'importe quelle terre de jardin, en préférant tout de même les sols consistants, bien drainés, gardant un peu d'humidité en été. En sol trop lourd ou calcaire, la durée de vie de cette plante est plus courte.

Quand et comment cultiver

Semez en pépinière

Entre avril et mai, dans un coin de la pépinière bien affiné, répartissez vos graines à la volée de manière homogène. Émiettez du terreau dessus pour couvrir, tassez et arrosez en pluie fine. Maintenez humide jusqu'à l'apparition des premières feuilles une vingtaine de jours plus tard.

Repiquez

Un mois et demi plus tard, quand ils ont 3 à 4 feuilles, arrachez délicatement les jeunes plants et plantez-les immédiatement dans un coin bien ombragé de votre pépinière. Opérez en dehors des heures les plus chaudes de la journée.

Hauteur : *15 cm à 1 m*
Distance de plantation : *30 à 50 cm*
Floraison : *mai à juin*
Arrosage :

Maladies et parasites : *pucerons, acariens*
Idées d'association : *benoîte, polémonium*

Plantez

En octobre, plantez les jeunes ancolies à leur emplacement définitif. Groupez-les par 3 au minimum et espacez-les de 30 à 50 cm selon la hauteur de la variété choisie.

Vous pouvez également acheter des ancolies en godets, à planter en octobre ou en mars-avril.

Les variétés conseillées

Petites : *A. flabellata* 'Ministar' (15 cm) bleue et blanche ; *A. viridiflora* (35 cm) chocolat et vert-jaune ; *A. alpina* (35 cm) bleue.

Moyennes : 'McKana Hybrids' (50 cm) multicolore dans les tons doux ; 'Grands-mères du jardin' (60 cm) rose, violet, rouge vin ; 'Kristall' (60 cm) blanc pur.

Grandes : *A. chrysantha* 'Yellow Queen' (1 m) jaune d'or et rouge vif ; 'Nora Barlow' (1 m) mélange de rose, bordeaux, bleu, blanc, violet, bleu pâle.

S'il fait sec en début d'été, arrosez pour maintenir le feuillage bien vert le plus longtemps possible.

Entretenez

En fin de floraison, coupez les tiges des fleurs fanées au ras du sol à moins que vous ne souhaitiez récolter les graines.

Les ancolies se ressèment spontanément si elles se plaisent. Repérez leurs jeunes plantules dans vos massifs en été pour les épargner lors du désherbage.

★★

Vivace, bulbeuse

Anémone

Anemone

Ces plantes aiment le soleil mais tolèrent une ombre légère, sauf l'anémone des fleuristes. Toutes apprécient les sols riches et gardant une certaine humidité en été. Elles se divisent en deux catégories : les vivaces (anémone du Japon) et celles à racines charnues (anémone des fleuristes : *A. coronaria*, anémone blanda).

Hauteur : *10 cm à 1 m*

Distance de plantation : *20 à 40 cm*

Floraison : *avril à octobre*

Arrosage :

Maladies et parasites : *anguillules*

Idées d'association : *aconit, cimicifuga,* Kirengeshoma palmata, *barbe-de-bouc*

Quand et comment cultiver les anémones vivaces

Plantez

En octobre-novembre ou en mars-avril, creusez un trou assez profond, jetez une poignée de compost et ameublissez le fond avec un transplantoir. Posez le jeune plant au centre et comblez avec la terre extraite. Tassez et arrosez au goulot (arrosoir sans pomme).

Entretenez

Durant le premier été, surtout dès le début de la floraison, couvrez la terre à la base des anémones de tontes de gazon sèches ou de tout autre matériau de paillage afin que les jeunes plantes ne souffrent pas de sécheresse.

Quand et comment cultiver
les anémones à racines charnues (bulbeuses)

Plantez

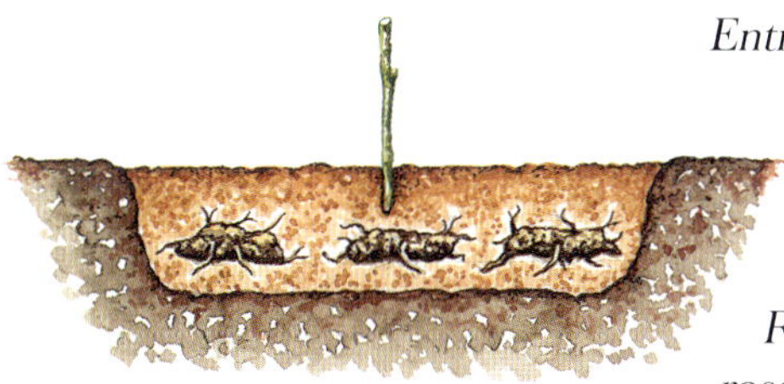

Entre octobre et novembre, placez, sans vous préoccuper de leur sens, 2 ou 3 bulbes d'anémone blanda dans des trous d'environ 5 cm de profondeur. Refermez et tassez. Inutile d'arroser, mais marquez l'emplacement d'un bâton.

Les variétés conseillées

Petites : *A. blanda* (10 cm) bleue, mauve, blanche ou rose.

Moyennes : *A. coronaria* 'De Caen' (40 cm) bleue, blanche, rouge, rose ; 'Sainte-Brigitte' (40 cm) fleurs doubles, mêmes coloris.

Grandes (anémone du Japon) **:** 'Couronne Virginale' (80 cm) blanche ; 'Mont Rose' (1 m) rose ; 'September Charm' (1 m) rose satiné.

En mars, creusez un large trou, profond de 3 à 4 cm. Disposez dedans les bulbes d'anémone des fleuristes par groupe de 8 à 10 en les espaçant de 7 à 8 cm.
La veille, vous les aurez fait tremper dans de l'eau à température ambiante.

Dès que les feuilles apparaissent sur les anémones plantées au printemps, pensez à les arroser si le printemps est sec.

Entretenez

En cours d'été, lorsque le feuillage des anémones des fleuristes a jauni, arrachez délicatement les racines charnues et entreposez-les dans une caisse, au frais (autour de 10 °C) et à l'obscurité.
Les autres anémones peuvent rester en place tout l'hiver.

★ **Vivace**

Anthémis

Anthemis

Les anthémis ont besoin de soleil et d'un sol bien drainé, même sec, ordinaire, voire pauvre. Ne les confondez pas avec les anthémis des fleuristes *(Argyranthemum)*, qui ne sont pas rustiques en dehors du Midi. Seule la camomille romaine *(A. nobilis)* se trouve facilement en graines. Pour les autres, procurez-vous de jeunes plants en godets.

Hauteur : *20 à 60 cm*
Distance de plantation : *40 cm*
Floraison : *juin à octobre*
Arrosage : 
Maladies et parasites : *pucerons*
Idées d'association : *géranium, dahlia, calcéolaire*

Quand et comment cultiver

Semez sous châssis

En mars, semez quelques graines dans des godets remplis de terreau spécial semis. Recouvrez de terreau émietté, tassez et arrosez en pluie fine. Placez sous châssis non chauffé. Maintenez humide jusqu'à l'apparition des premières feuilles 10 jours plus tard.

Repiquez

Un mois plus tard, dépotez les jeunes plants, séparez-les délicatement sans briser les racines et plantez les plus vigoureux dans des godets remplis de terreau ordinaire.

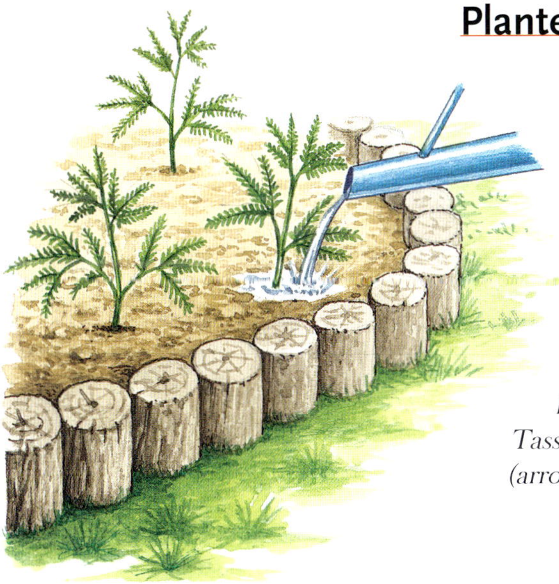

Plantez

Entre avril et mai, plantez les jeunes anthémis (issues de vos semis ou achetées en jardinerie) à leur place définitive en creusant des trous juste un peu plus larges que les mottes. Tassez et arrosez au goulot (arrosoir sans pomme).

Arrosez régulièrement dans les semaines qui suivent la plantation s'il fait sec. Ensuite c'est inutile !

Entretenez

Juste après la floraison, dans le courant de l'automne, coupez toutes les tiges à 10-12 cm du sol.

Les variétés conseillées

Naines : *A. nobilis* (camomille à pelouse, 20 cm) blanche ; *A. cupaniana* (20 cm) blanche et jaune.

Hautes : *A. tinctoria* 'Sauce Hollandaise' (60 cm) jaune-crème et 'Wargrave' (60 cm) jaune citron.

★★★ **Bulbeuse**

Arum

Zantedeschia

Les arums, blancs ou de couleur, s'épanouissent au soleil comme sous une ombre légère. Ils ont besoin d'un sol riche et d'une bonne humidité en été : les arums blancs se plaisent même sur la rive d'un bassin. En revanche, ils préfèrent passer l'hiver au sec.

Quand et comment cultiver

Plantez

En mars ou avril, dans un pot rempli à mi-hauteur de terreau ordinaire, d'environ 15 à 18 cm de diamètre, posez le rhizome d'arum à plat dans le sens de sa longueur. Recouvrez du même terreau, tassez puis arrosez abondamment. Placez au chaud devant une fenêtre bien éclairée.

Vous pouvez aussi garder votre arum en pot sur le balcon. Arrosez alors au moins une fois tous les 15 jours avec un engrais liquide spécial plantes fleuries. Tout l'hiver, placez-le dans un endroit frais (10 °C) sans arroser.

Hauteur : *40 cm à 1 m*
Distance de plantation : *20 à 40 cm*
Floraison : *mai à novembre*
Arrosage :
Maladies et parasites : *anguillules*
Idées d'association : *pervenche, violette*

De fin mai à début juin, creusez un trou de 15 à 20 cm de profondeur pour planter votre arum déjà bien démarré. Mélangez du compost à la terre extraite, comblez le trou autour de la motte et formez une cuvette. Arrosez jusqu'à ce que la terre n'absorbe plus. Vous pouvez également planter des arums achetés en pots en jardinerie.

Entretenez

Durant l'été, coupez au ras du sol les feuilles abîmées ou jaunies et les fleurs fanées.

Les variétés conseillées

Petites : 'Magestic Red' (40 cm) rouge ; 'Elliotiana' (40 cm) jaune ; 'Mango' (40 cm) orange.

Grandes : 'Treasure' (1 m) orangé ombré de carmin ; 'Crystal Blush' (1 m) blanc pur ; 'Rood' (1 m) rouge écarlate.

Après les premières gelées

Étalez au pied des arums blancs une couche de 6 à 8 cm d'épaisseur de compost et, dans les régions froides, recouvrez de feuilles mortes après avoir coupé les feuilles. Quand le feuillage des arums de couleur cultivés au jardin jaunit, arrachez-les en conservant la motte de terre qui entoure les rhizomes et entreposez dans un local frais (10 °C).

Aster

Aster

Si tous les asters ont des fleurs semblables à de petites pâquerettes, leurs tailles sont très diverses, de 30 cm à 1,20 m selon les variétés. Ils aiment le soleil et ne sont pas très exigeants quant au sol, mais ils préfèrent les terrains restant un peu humides en été, bien drainés en hiver.

Hauteur : *30 cm à 1,20 m*
Distance de plantation : *20 à 70 cm*
Floraison : *mai à novembre*
Arrosage :
Maladies et parasites : *oïdium*
Idées d'association : *graminées, liatris, solidago*

Quand et comment cultiver

Semez en pépinière

Entre mai et juin, dans un coin de la pépinière, répartissez régulièrement les graines sur toute la surface. Ratissez pour recouvrir, tassez et arrosez en pluie fine. Maintenez bien humide jusqu'à l'apparition des premières feuilles 20 jours plus tard.

Repiquez

En juin-juillet, arrachez délicatement les jeunes plants et plantez-les immédiatement dans la pépinière en les espaçant d'une dizaine de centimètres.

Plantez

Au printemps suivant, plantez les jeunes asters à leur emplacement définitif en les espaçant de 20 à 70 cm selon leur taille.
Vous pouvez également planter à la même période des asters achetés en godets en jardinerie.

Les variétés conseillées

Pour le printemps : 'Triumph' (30 cm) bleu ; 'Albus' (30 cm) blanc ; 'Happy End' (30 cm) rose.

Pour l'été : 'Blue King' (60 cm) bleu foncé ; 'Pink Star' (1,20 m) rose.

Pour l'automne : 'Ideal' (1 m) bleu ; 'Silver Spray' (1,20 m) lilas blanc ; 'Jenny' (60 cm) rouge.

Entretenez

Tous les ans, en juin, lorsque les tiges des grands asters atteignent 40 à 50 cm, raccourcissez-les de la moitié de leur hauteur pour favoriser leur tenue et la floraison (les grands asters fleurissent après la mi-juillet). Par temps sec, en été, arrosez au pied des plantes pour éviter les attaques d'oïdium.

N'oubliez pas au cours du printemps de placer près des grands asters un tuteur muni d'un cercle que vous remonterez au fur et à mesure de la croissance des tiges jusqu'à 50 cm de haut : cela suffit pour un maintien naturel.

Après les premières gelées

Coupez toutes les tiges sèches (qui ont bruni) au ras du sol et jetez-les ou brûlez-les. Ne les gardez pas pour le tas de compost.

Astilbe

Astilbe

Les astilbes aiment les sols légers, un peu humides, voire marécageux, et riches en matières organiques. Si votre terre est lourde, ajoutez 1 à 2 pelletées de tourbe à l'endroit où vous souhaitez les planter. Elles préfèrent l'ombre légère ou dense, mais tolèrent un peu de soleil si le terrain est très humide.

Hauteur : *50 cm à 1,20 m*
Distance de plantation : *40 à 50 cm*
Floraison : *juin à août*
Arrosage :
Maladies et parasites : *oïdium*
Idées d'association : *hosta, peltiphyllum (darmera), rodgersia, tellima, tricyrtis*

Quand et comment cultiver

Plantez

En mars-avril ou en octobre, plantez des astilbes achetées en godets dans une terre enrichie d'une bonne poignée de compost. Laissez 40 à 50 cm entre les plantes. Tassez et arrosez abondamment juste après la plantation, au goulot (arrosoir sans pomme).

Entretenez

Durant la floraison, en été, vous pouvez couper les fleurs fanées pour que la plante conserve son esthétique. Mais ce n'est pas obligatoire.

Les variétés conseillées

Moyennes : 'Visions' (50 cm) pourpre ; 'White Wings' (50 cm) blanc ; 'Hyacinth' (80 cm) rose.

Grandes : 'Mont Blanc' (1 à 1,20 m) blanc ; 'Pumila' (1 à 1,20 m) rose-lilas ; 'Van der Wielen' (1 à 1,20 m) blanc-crème.

En fin d'hiver, coupez au ras du sol toutes les tiges sèches de l'année précédente. Profitez-en pour étaler autour de la souche 1 à 2 poignées de compost.

En sol sec, en été, il est indispensable d'arroser très régulièrement, surtout le premier été, si vous plantez au printemps.

Aubriète

Aubrieta

C'est vraiment une plante facile, sans exigence sur la nature du sol ou l'exposition. Elle sera plus compacte si vous l'installez dans une rocaille entre des pierres, mais elle se plaît également en bordure d'allée. À la plantation, si votre terrain est un peu lourd, mélangez du sable (1/3) à la terre du jardin (2/3).

Hauteur : *10 à 15 cm*
Distance de plantation : *20 cm*
Floraison : *avril à juin*
Arrosage :
Maladies et parasites : *mildiou*
Idées d'association : *bulbes de printemps (narcisses, tulipes, muscaris...), myosotis*

Quand et comment cultiver

Semez en pépinière

En mai, répartissez les graines d'aubriète sur un coin de la pépinière. Ratissez délicatement pour recouvrir et maintenez humide (en arrosant en pluie fine) jusqu'à l'apparition des premières feuilles près de 3 semaines plus tard.

Mélangez les graines d'aubriète, très fines, à du sable pour les manipuler plus aisément lors du semis.

Repiquez

Fin juin, début juillet, arrachez délicatement les jeunes plants et plantez-les immédiatement dans un autre endroit de la pépinière en les espaçant de 10 à 12 cm. Maintenez humide tout l'été.

Plantez

Entre septembre et octobre, arrachez les jeunes aubriètes avec une motte de terre et plantez-les à leur emplacement définitif en les espaçant de 20 cm environ. Tassez bien et arrosez abondamment.

Vous pouvez également vous procurer de jeunes plants d'aubriètes en jardinerie, à planter à l'automne ou en fin d'hiver.

Les variétés conseillées

'Alsace' rose pâle ; 'Blue King' bleu ; 'Clos Fleuri' bleu violacé ; 'Crépuscule' violet ; 'Val de Loire' rose carmin ; 'Ville d'Orléans' rouge magenta.

Entretenez

En fin de floraison, au début de l'été, coupez les aubriètes à quelques centimètres du sol à la cisaille à gazon.

Arrosez après la taille afin de favoriser la croissance de nouvelles tiges : ce sont elles qui fleuriront le printemps prochain.

★★ **Bulbeuse, annuelle**

Bégonia

Begonia semperflorens, B. tuberhybrida

Les bégonias de jardin se partagent en deux familles : les bégonias tubéreux, à la racine en tubercule, et les bégonias à massif, annuels, à semer tous les ans. Tous préfèrent une situation ombragée durant les heures les plus chaudes de la journée. Ils se plaisent en sols légers et riches. Plantez-les dans les massifs ou en jardinières.

Hauteur : *15 à 60 cm*
Distance de plantation : *15 à 20 cm*
Floraison : *juin à octobre*
Arrosage :
Maladies et parasites : *fonte des semis, oïdium, pourriture grise*
Idées d'association : *verveine, calcéolaire, impatiens*

Quand et comment cultiver le bégonia tubéreux

Plantez

En mai, creusez un trou peu profond à l'emplacement définitif de vos bégonias. Posez chaque tubercule à plat, le côté creux vers le haut : il doit juste affleurer la surface du sol. Recouvrez, tassez et arrosez abondamment.

Arrosez régulièrement tout l'été sans mouiller le feuillage. Apportez un engrais liquide spécial plantes fleuries aux bégonias en pots, une fois par semaine environ.

Entretenez

Enlevez les fleurs fanées au fur et à mesure afin d'éviter les pourritures.

Avant les premières gelées

Arrachez délicatement les bégonias, coupez les restes de végétation au ras du tubercule et laissez sécher en plein air quelques heures. Ôtez le maximum de terre et enfouissez les tubercules dans des caisses de sable. Entreposez dans un local frais, aéré et hors gel tout l'hiver.

Les variétés conseillées

À feuillage vert : 'Olympia Sprint' (20 cm) blanc, rose ou rouge.

À feuillage bronzé : 'Vision' (20 cm) blanc, rose, rouge, uni ou bicolore.

À fleurs doubles : 'Doublonia' (20 cm) rouge ou rose ; 'Queen' (18 cm) blanc, rose ou rouge.

Tubéreuses : 'Non Stop' (30 cm) abricot, rose, rouge, blanc, orange, saumon ou jaune ; 'Illumination' (60 cm) blanc, orange, saumon, abricot ou rose.

Quand et comment cultiver
le bégonia annuel

Semez en caissette

Entre février et mars, dans une caissette remplie de terreau pour semis, répartissez en surface les graines, émiettez un peu de terreau dessus et tassez. Arrosez en pluie fine.
Maintenez humide jusqu'à l'apparition des premières feuilles 15 à 20 jours plus tard.

Repiquez

Entre mars et avril, arrachez délicatement les jeunes bégonias et plantez-les individuellement dans des godets remplis de terreau ordinaire.

Plantez

En mai, à leur place définitive, mélangez à la terre une bonne pelletée de compost et plantez les bégonias en les espaçant de 15 à 20 cm. En jardinière, employez un terreau pour plantes fleuries.
Vous pouvez également vous procurer des jeunes plants de bégonia dans les jardineries, à planter à la même période.

Après les premières gelées, arrachez et jetez les bégonias annuels.

★★★ **Vivace, bisannuelle**

Campanule

Campanula

Les campanules apprécient le soleil s'il n'est pas trop brûlant, mais fleuriront aussi sous une ombre légère. Elles préfèrent les bonnes terres de jardin, mais s'adaptent à tous les types de sol. Bisannuelles ou vivaces, elles se cultivent de la même façon. Les premières ne fleuriront qu'une fois (elles meurent ensuite) et les secondes de nombreuses années.

Hauteur : *15 cm à 1,50 m*
Distance de plantation : *20 à 40 cm*
Floraison : *avril à mai (vivaces) ; juin à juillet (bisannuelles)*
Arrosage :
Maladies et parasites : *pucerons*
Idées d'association : *ancolie, bergénia*

Quand et comment cultiver

Semez en pépinière

Entre mai et juin, dans un coin de la pépinière, répartissez les graines à la volée de façon homogène. Ratissez d'une main légère pour recouvrir et arrosez en pluie fine. Maintenez bien humide jusqu'à l'apparition des premières feuilles 10 jours plus tard.

Repiquez

Un mois à 1 mois et demi plus tard, arrachez délicatement les jeunes plants et plantez-les immédiatement dans une partie ombragée de votre pépinière. Opérez par temps gris.

Les campanules vivaces semées ne fleurissent pas toujours la première année.

Plantez

Au mois d'octobre ou entre mars et avril de l'année suivante, plantez vos campanules à leur emplacement définitif, en les espaçant de 20 à 40 cm.

Vous pouvez également planter, à ces mêmes époques, des jeunes campanules en godets achetées en jardinerie.

Dès mars, protégez les jeunes pousses avec des granulés antilimaces à renouveler après chaque pluie.

Les variétés conseillées

Petites : *C. longistyla* 'Isabella F1' (15 à 20 cm) bisannuelle, bleue ; *C. isophylla* 'Stella F1' (15 à 20 cm) vivace, blanc pur.

Moyennes : 'Champion F1' (60 cm) vivace, bleu foncé, bleu clair ou rose ; *C. carpatica* 'Clips Mix' (70 cm) vivace, mélange de bleu clair et de blanc.

Grandes : *C. lactiflora* 'Amethyst' (90 cm) vivace, violette ; *C. pyramidalis* 'Alba' (1,50 m) bisannuelle, blanche.

Entretenez

En mars, à proximité des variétés hautes, plantez des branchages bien ramifiés pour soutenir discrètement leurs tiges souples. Coupez régulièrement les fleurs fanées.

Après les premières gelées

Arrachez et jetez les campanules bisannuelles défleuries.

★★ Bulbeuse

Canna

Canna

Appelé aussi balisier, le canna aime le soleil, les situations abritées du vent et les sols riches et frais en été. Cette fleur exotique ne peut passer l'hiver en terre : il faut l'arracher tous les automnes pour la replanter au printemps.

Quand et comment cultiver

Plantez

En mars ou avril, plantez les tubercules de cannas en pots de 18 à 20 cm de diamètre, dans un terreau ordinaire ; peu importe le sens. Gardez au chaud, près d'une fenêtre en arrosant régulièrement.

Entre la mi-mai et juin, plantez les cannas, cultivés en pots jusqu'ici, au jardin si vous le souhaitez dans des trous de 50 cm en tous sens, espacés de 50 cm environ. Vous trouverez à la même période des cannas en pots dans le commerce, à employer de même.

Hauteur : *80 cm à 1,50 m*
Distance de plantation : *50 cm*
Floraison : *juin à octobre*
Arrosage :

Maladies et parasites : *pourriture grise*
Idées d'association : *pélargonium, pétunia, phlox, dahlia*

Entretenez

Ne coupez pas les fleurs fanées, mais ôtez les corolles sèches à la main : de nouvelles fleurs vont se former au-dessus des anciennes.

Arrosez régulièrement au pied (sans mouiller les feuilles) afin de garder la terre humide en permanence tout l'été.

Les variétés conseillées

Moyennes (80 cm) **:** 'Tropical' rose vif, rouge sang ou rose saumon ; 'Chinas Lass' corail ; 'Confetti' crème piqueté de rose.

Grandes (1,50 m) **:** 'Criszys' en mélange rose et rouge ; 'En Avant' jaune moucheté de rouge ; 'Stuttgart' orange, feuillage vert clair rayé de crème.

Avant les premières gelées

Soulevez la motte avec une fourche-bêche et arrachez. Coupez la tige à 15-20 cm du tubercule et laissez sécher en plein air au soleil, quelques heures.

Pour conserver vos cannas, enfouissez les tubercules dans des caisses remplies de tourbe humide. Entreposez dans un local frais, aéré et hors gel. Vaporisez de temps à autre la tourbe pour la maintenir juste humide tout l'hiver.

★ **Annuelle**

Capucine

Tropaeolum majus

La capucine prospère mieux en terrain riche, pas trop sec en été et bien ensoleillé. Elle fleurira davantage si elle est abritée du vent. Il existe des variétés naines pour les bordures des massifs et d'autres dites grimpantes produisant de longues tiges qui courent sur le sol ou s'accrochent à un support.

Quand et comment cultiver

Semez en place

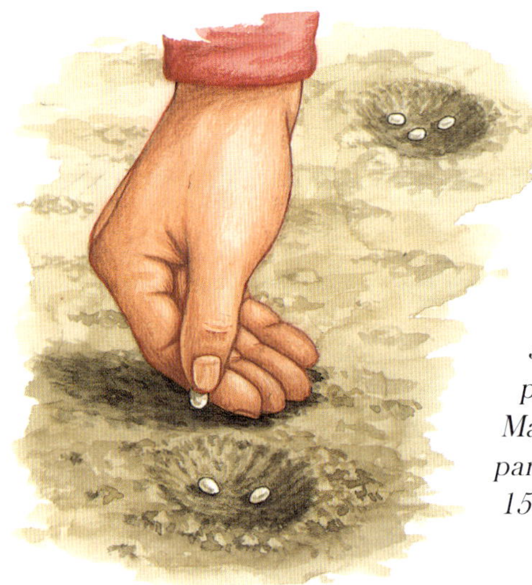

Entre la mi-avril et mai, semez directement dans les massifs par groupe de 3 graines dans des trous peu profonds, espacés de 30 à 50 cm. Tassez et arrosez en pluie fine.
Maintenez humide jusqu'à l'apparition des premières feuilles 15 jours plus tard.

Éclaircissez

Trois semaines plus tard environ, éliminez les jeunes plants les plus faibles pour n'en conserver qu'un par groupe.

Hauteur : *25 cm à 3 m*
Distance de plantation : *30 à 50 cm*
Floraison : *mai à octobre*
Arrosage :
Maladies et parasites : *pucerons*
Idées d'association : *en couvre-sol ou sur un treillage*

Entretenez

Durant l'été, arrosez régulièrement au pied des capucines sans mouiller leur feuillage.

Les variétés conseillées

Naines (25 cm) **:** 'Whirlybird' acajou, jaune d'or, blanc-crème, rose ou rouge, 'Alaska Tip-Top' crème, jaune, abricot, acajou, rose ou rouge ; 'Tom Pouce' en mélange.

Grimpantes (3 m) **:** 'De Lobb Spitfire' rouge orangé ; 'Des Canaris' jaune vif.

Si des pucerons noirs apparaissent aux extrémités des tiges, coupez ces dernières et pulvérisez un insecticide (voir p. 231).

Après les premières gelées

Arrachez les capucines et jetez-les (pas sur le compost) ou brûlez les restes de végétation.

Centaurée, Bleuet

Centaurea cyanus, C. dealbata, C. macrocephala, C. montana

Fleurs des champs, les bleuets et autres centaurées poussent partout au soleil, même dans les sols calcaires et secs. Les bleuets *(C. cyanus)* se sèment tous les ans, mais ils peuvent se ressemer spontanément. Les centaurées vivaces fleurissent de nombreuses années sans soin particulier.

Quand et comment cultiver

Semez en place

D'avril à juin, répartissez les graines de façon homogène, là où vous souhaitez les voir fleurir. Recouvrez de terreau émietté, tassez et arrosez en pluie fine. Maintenez humide jusqu'à l'apparition des premières feuilles une dizaine de jours plus tard.

Éclaircissez

Trois semaines plus tard, éliminez les jeunes plants les plus faibles pour n'en garder qu'un tous les 12 à 15 cm.

Hauteur : *35 cm à 1,50 m*
Distance de plantation : *12 à 15 cm*
Floraison : *mai à septembre*
Arrosage :

Maladies et parasites : *aucun*
Idées d'association : *pavot, lavatère, souci*

Plantez

En mars-avril ou en septembre-octobre, plantez les centaurées vivaces achetées en godets, sans enrichir le sol. Arrosez au goulot (arrosoir sans pomme).

Les variétés conseillées

Annuelles *(C. cyanus)* **:** 'Florence' (35 cm) blanc, rose, bleu, violet ou lavande ; 'Bleuet double' (80 cm) bleu.

Vivaces : *C. dealbata* 'Steenbergii' (80 cm) pourpre ; *C. montana* (45 cm) bleue ; *C. macrocephala* (1,50 m) jaune d'or.

Après les premières gelées

Coupez à quelques centimètres du sol les restes de végétation des centaurées vivaces. Arrachez et jetez les centaurées annuelles (bleuets).

★ Vivace

Chrysanthème des jardins

Dendranthema

Appelés également marguerite d'automne, les chrysanthèmes des jardins présentent de petites fleurs qui ne ressemblent en rien à celles des potées de la Toussaint. Ils aiment le soleil et les terres riches ni trop sèches, ni trop humides.

Quand et comment cultiver

Plantez

En septembre-octobre ou en mars-avril, plantez les chrysanthèmes achetés en godets dans des trous remplis de terreau. Arrosez au goulot (arrosoir sans pomme).

Entretenez

Tous les ans, en juin, lorsque les tiges des grands chrysanthèmes atteignent 40 à 50 cm, raccourcissez-les de la moitié de leur hauteur.

Hauteur : *40 à 70 cm*
Distance de plantation : *20 cm*
Floraison : *août à octobre*
Arrosage :

Maladies et parasites : *oïdium*
Idées d'association : *souci, reine-marguerite, aster*

À la même période, placez autour des grands chrysanthèmes un tuteur muni d'un cercle, placé, dans un premier temps, en haut des tiges coupées. Montez-le au fur et à mesure de la croissance jusqu'à 50 cm de haut.

Arrosez tout l'été en évitant de mouiller le feuillage.

Après les premières gelées

Quand les fleurs sont noircies par le froid, coupez toutes les tiges au ras du sol et couvrez d'une pelletée de compost.

Les variétés conseillées

Il existe un grand nombre d'hybrides aux formes et aux couleurs variées ayant tous des qualités similaires. Laissez-vous guider par votre goût.

★★

Vivace

Cinéraire maritime

Senecio cineraria

Peu rustique en dehors des régions à climat doux (Midi et façade atlantique), la cinéraire est cultivée comme une plante annuelle le plus souvent, en jardinière ou en bordure de massif. Elle est plus décorative par son feuillage duveteux que par ses fleurs jaune moutarde. Elle apprécie le soleil et les sols ordinaires et bien drainés.

Quand et comment cultiver

Semez en caissette

En février ou mars, répartissez les graines de façon homogène dans une caissette remplie de terreau pour semis. Tassez avec une petite planche, arrosez en pluie fine et gardez au chaud. Maintenez humide jusqu'à l'apparition des premières feuilles une bonne semaine plus tard.

Repiquez

Quinze à 20 jours plus tard, arrachez délicatement les jeunes plants et plantez-les en godets individuels, remplis de terreau ordinaire. Conservez-les toujours à l'abri en les habituant progressivement au plein air.

Hauteur : *20 cm*
Distance de plantation : *15 cm*
Floraison : *juin à août*
Arrosage :
Maladies et parasites : *pourriture grise*
Idées d'association : *coléus, agératum, bégonia, sauge, œillet d'Inde*

Plantez

Entre mai et juin, plantez vos jeunes cinéraires parmi les massifs de fleurs en glissant une poignée de terreau dans le trou de plantation.
Vous pouvez également les acheter en godets à cette époque pour les planter au jardin.

Coupez les fleurs encore en bouton (elles n'ont que peu d'intérêt décoratif) si vous souhaitez bénéficier d'un beau feuillage jusqu'aux gelées.

Avant les premières gelées

Dans les régions aux hivers cléments, étalez au pied de chaque plante une bonne couche de feuilles mortes : le feuillage persiste tout l'hiver. Ailleurs, arrachez les cinéraires et jetez-les.

Les variétés conseillées

'White Diamond' feuillage blanc argenté, ressemblant à celui du chêne ; 'Silver Dust' feuilles très découpées, blanc pur.

Cœur-de-Marie

Dicentra spectabilis

Cette vivace préfère les emplacements à l'ombre légère ou ensoleillés, mais pas aux heures les plus chaudes de la journée. Elle apprécie les terres riches restant assez humides jusqu'au cœur de l'été. Son feuillage jaunit et disparaît au cours de l'été.

Hauteur : *40 cm*
Distance de plantation : *20 cm*
Floraison : *mai à juin*
Arrosage :
Maladies et parasites : *pucerons*
Idées d'association : *fleur des elfes, ancolie, primevère du Japon, fougères*

Quand et comment cultiver

Plantez

En avril-mai (lorsqu'ils sont en fleur) ou en septembre-octobre, plantez les cœurs-de-Marie achetés en godets dans un terrain bien ameubli en profondeur. Comblez le trou de plantation avec du terreau de feuilles.

Entretenez

En juin, couvrez la terre autour du pied de la plante avec une bonne couche de tontes de gazon sèches ou de paillettes de lin, après un arrosage copieux.

Les variétés conseillées

Outre la variété classique rose et blanche, on trouve 'Alba' blanc pur, 'Luxuriant' rouge et 'Bacchanal' rouge-pourpre.

Arrosez en début d'été s'il fait sec pour prolonger au maximum le feuillage.

Avant la disparition complète du feuillage, marquez d'un bâton ou d'une étiquette l'emplacement de votre cœur-de-Marie.

Coléus

Solenostemon scutellaroides

Bien que vivace, le coléus est souvent cultivé comme une plante annuelle, en massif ou en jardinière, car il n'est pas rustique. Son feuillage richement coloré est son principal attrait : ses fleurs sont insignifiantes. Il apprécie les sols riches, bien drainés, frais en été, et les emplacements pas trop écrasés de soleil.

Quand et comment cultiver

Semez en caissette

De janvier à mars, semez dans des caissettes remplies de terreau pour semis. Émiettez du terreau dessus pour recouvrir, tassez et arrosez en pluie fine. Entreposez au chaud et maintenez humide jusqu'à l'apparition des premières feuilles 15 jours plus tard.

Repiquez

Un mois après le semis, transplantez les jeunes plants dans des godets remplis de terreau ordinaire. À partir de mars, habituez-les progressivement au plein air en les sortant aux heures les plus chaudes de la journée.

Hauteur : *20 à 50 cm*
Distance de plantation : *20 cm*
Floraison : *juillet à août*
Arrosage :
Maladies et parasites : *pourriture grise*
Idées d'association : *cinéraire, impatiens, dahlia*

Plantez

Entre mai et juin, plantez les jeunes coléus à leur emplacement définitif. Comblez le trou de plantation avec du terreau. Coupez l'extrémité des tiges. Vous pouvez aussi vous procurer des plants en godets dans les jardineries si vous ne les avez pas semés.

Les variétés conseillées

'Sabret' feuilles étroites et dentelées, marquées de bronze, jaune, blanc, vert ou rouge ; 'Wizard' bien ramifié, jaune, orange, crème, rouge ou rose.

Entretenez

Coupez les tiges florales dès qu'elles apparaissent en été afin de stimuler la production de feuillage. Après les premières gelées, arrachez et jetez les coléus.

Arrosez régulièrement tout l'été sans mouiller le feuillage. Ajoutez une fois par semaine de l'engrais liquide pour les coléus en pots.

★

Corbeille-d'argent

Arabis, Cerastium, Iberis

Sous le nom de corbeille-d'argent on dénomme trois plantes différentes, à fleurs printanières blanches : l'arabette, le céraiste et le thlaspi. Toutes aiment le soleil et les sols bien drainés, restant frais en été. Les arabettes à fleurs doubles et feuillage doré ou panaché s'achètent obligatoirement en godets.

Hauteur : *10 à 15 cm*
Distance de plantation : *20 cm*
Floraison : *avril à mai*
Arrosage :
Maladies et parasites : *limaces*
Idées d'association : *panicaut, pied-d'alouette*

Quand et comment cultiver

Semez en pépinière

En mai-juin, dans un coin ombragé du jardin, répartissez en surface les graines de corbeille-d'argent. Émiettez du terreau pour recouvrir, tassez et arrosez en pluie fine. Maintenez bien humide jusqu'à l'apparition des premières feuilles 10 à 20 jours plus tard.

Repiquez

Un mois plus tard (arabette) ou en septembre (céraiste, thlaspi), arrachez délicatement les jeunes plants et plantez-les immédiatement dans la pépinière en les espaçant de 10 cm environ.

Plantez

À l'automne (arabette) ou au printemps suivant (céraiste, thlaspi), plantez les jeunes corbeilles-d'argent obtenues en pépinière à leur place définitive en les espaçant de 20 cm.
Vous pouvez également vous en procurer en godets à planter à l'automne ou au tout début du printemps.

Les variétés conseillées

Arabette *(Arabis caucasica)* **:** 'Flore Pleno' double, blanc; 'Rosea' rose; 'Old Gold' feuillage panaché de doré; 'Variegata' feuillage panaché de crème.

Céraiste *(Cerastium tomentosum)*.

Thlaspi *(Iberis sempervirens)*.

Entretenez

Juste après la floraison, en juin, coupez toutes les tiges à quelques centimètres du sol, mélangez une bonne poignée de compost à la terre au pied des plantes et arrosez régulièrement tout l'été si le temps est sec.

Si le centre de votre corbeille-d'argent a tendance à se dégarnir, jetez au début du printemps une pelletée de terreau dessus. Tassez légèrement avec la main.

Corbeille-d'or

Alyssum saxatile

Cette vivace adore le soleil et déteste l'humidité. Elle s'adapte même aux terres pauvres ou caillouteuses. Son port rampant et sa floraison généreuse, au parfum de miel, font merveille dans les rocailles, pour fleurir un muret ou un talus.

Quand et comment cultiver

Semez en pépinière

De mai à juin, dans un coin de la pépinière, répartissez de façon homogène les graines en surface. Recouvrez de terreau émietté, tassez et arrosez en pluie fine.
Maintenez humide jusqu'à l'apparition des premières feuilles 15 jours plus tard.

Repiquez

Un bon mois plus tard, arrachez délicatement les jeunes plants et plantez-les, toujours en pépinière, en les espaçant d'une dizaine de centimètres.

Hauteur : *25 à 30 cm*
Distance de plantation : *30 à 50 cm*
Floraison : *avril à mai*
Arrosage :
Maladies et parasites : *aucun*
Idées d'association : *aubriète, campanule des murailles, corbeille-d'argent*

Plantez

En septembre ou octobre, plantez à leur place définitive les jeunes corbeilles-d'or, en les espaçant de 30 à 50 cm.
Vous pouvez également vous procurer au printemps des potées fleuries, à planter immédiatement. Arrosez alors régulièrement durant tout l'été qui suit la plantation.

Entretenez

Juste après la floraison, coupez toute la touffe à quelques centimètres du sol à la cisaille à gazon (coupe-bordure). Jetez une pelletée de terreau sur la plante si elle a tendance à se dégarnir au centre.

Les variétés conseillées

La variété classique est superbe, ne cherchez pas davantage !

★ **Vivace, annuelle**

Coréopsis

Coreopsis

Les coréopsis apprécient le plein soleil ainsi que les terrains riches et argileux, jamais complètement secs en été. Mais gare à l'excès d'humidité en hiver qui les fait pourrir !

Quand et comment cultiver

Semez en pépinière

En avril (coréopsis annuel) ou en mai-juin (coréopsis vivace), répartissez les graines de façon homogène dans un coin de votre pépinière. Ratissez d'une main légère pour recouvrir et arrosez en pluie fine. Maintenez humide jusqu'à l'apparition des premières feuilles 1 semaine plus tard.

Hauteur : *25 à 90 cm*
Distance de plantation : *30 cm*
Floraison : *juin à octobre*
Arrosage :

Maladies et parasites : *oïdium*
Idées d'association : *fleurs à coloris chaud, telles que les monardes, phlox et asters*

Repiquez

En août-septembre (coréopsis vivace), arrachez délicatement les jeunes plants et plantez-les, toujours en pépinière, espacés de 12 à 15 cm. Ils y resteront tout l'hiver.

Plantez

En avril, l'année suivante (coréopsis vivace), ou en mai, l'année du semis (coréopsis annuel), plantez les jeunes coréopsis à leur place définitive en les espaçant de 30 cm. Arrosez au goulot (arrosoir sans pomme).

Vous pouvez également acheter des jeunes plants en jardinerie et les mettre en place à la même période.

Les variétés conseillées

Annuelles : *C. tinctoria* (75 cm) jaune d'or et acajou ; *C. grandiflora* cultivée comme annuelle : 'Early Sunrise' (50 cm) double, jaune soutenu à orangé, ou 'Sunray' (25 cm) jaune d'or.

Vivaces : *C. grandiflora* 'Eldorado' (80 cm) jaune ; *C. lanceolata* 'Sonnenkind' (40 cm) jaune ; *C. rosea* 'American Dream' (40 cm) rose.

Les jeunes plants de coréopsis annuels ou vivaces, vigoureux, forment, dès le premier été, des touffes spectaculaires.

Entretenez

À la mi-septembre, coupez à 5 cm du sol les coréopsis vivaces, même s'ils portent encore quelques fleurs.

Après les premières gelées, arrachez les coréopsis annuels.

Cosmos

Cosmos

Le cosmos aime les situations bien ensoleillées, à l'abri du vent pour les variétés les plus hautes, et les terrains ni trop secs ni trop humides. Les variétés naines peuvent se planter en bordure et en jardinière.

Quand et comment cultiver

Semez en place

De fin avril à début mai, répartissez les graines de cosmos de façon homogène sur la surface à garnir. Recouvrez de terreau émietté, tassez et arrosez en pluie fine. Maintenez humide jusqu'à l'apparition des premières feuilles une dizaine de jours plus tard.

Éclaircissez

Quand les jeunes plants ont 15 cm de haut environ, éliminez les plus faibles pour n'en conserver qu'un tous les 20 à 30 cm selon la taille de la variété choisie.

Hauteur : *30 cm à 1,50 m*
Distance de plantation : *20 à 30 cm*
Floraison : *juillet à octobre*
Arrosage :
Maladies et parasites : *aucun*
Idée d'association : *tabac*

Plantez

Dans le courant du mois de mai, vous pouvez aussi planter de jeunes cosmos achetés en jardinerie. N'ajoutez ni terreau ni compost dans le trou de plantation, afin de ne pas fragiliser les tiges.

Les variétés conseillées

Cosmos chocolat ou *C. atrosanguineus* (75 cm) brun pourpré, léger parfum de chocolat ; *C. sulphureus* (1,20 à 1,40 m) en pompons orange ; *C. bipinnatus* (1 à 1,50 m) rose, rouge ou blanc : 'Sea Shells' (80 cm) aux pétales tuyautés roses, rouges ou blancs, ou 'Sonata' (30 cm) très trapu, rose, rouge ou blanc.

Entretenez

Coupez régulièrement les fleurs fanées pour encourager de nouvelles éclosions jusqu'aux gelées.

Après les premières gelées, arrachez et jetez les cosmos défleuris.

Crocus

Crocus

Le crocus préfère les situations bien ensoleillées, au moins au printemps, par exemple au pied d'un arbre à feuillage caduc ou au milieu de la pelouse. Il se contente d'une terre ordinaire pourvu qu'elle ne soit pas détrempée en hiver. Là où il se plaît, le crocus forme des touffes de plus en plus larges.

Quand et comment cultiver

Plantez

En septembre ou octobre, plantez chaque bulbe à 3-5 cm de profondeur, la pointe vers le haut, avec un plantoir pointu dans un terrain ameubli. Glissez une poignée de sable au fond du trou de plantation.

Si vous souhaitez installer vos crocus dans la pelouse, jetez-les par poignée et plantez-les là où ils tombent pour obtenir un effet naturel. Employez alors le plantoir à bulbe, plus facile à enfoncer dans le gazon.

Hauteur : *8 à 15 cm*
Distance de plantation : *10 cm*
Floraison : *février à mars*
Arrosage :

Maladies et parasites : *pourriture grise*
Idées d'association : *scille, tulipe, pensée*

Entretenez

Tous les 4 à 5 ans, lorsque le feuillage jaunit en fin de printemps, déterrez les touffes de crocus et séparez-les à la main en 2 à 3 groupes de bulbes à planter immédiatement.

Les variétés conseillées

C. vernus (15 cm) **:** 'Grand Maître' bleu-violet; 'Géant Jaune' jaune.

C. chrysanthus (8 cm) **:** 'Blue Pearl' bleu; 'Fuscotinctus' jaune strié; 'Ard Schenk' blanc.

C. tommasinianus (10 cm) **:** 'Barr's Purple' pourpre.

Regroupez les bulbes par 8 à 10 pour obtenir un effet spectaculaire.

Dahlia

Dahlia

Il existe de nombreuses formes de dahlias ; naines ou géantes, elles déclinent toutes les couleurs sauf le bleu. Ces plantes aiment le soleil et ne fleurissent abondamment que dans un terrain riche et pas trop sec en été. Les variétés les plus hautes se couchent dans les endroits trop ventés.

Quand et comment cultiver

Semez en caissette

Entre mars et mai, remplissez une caissette de terreau pour semis jusqu'à 2 cm du bord, répartissez vos graines de dahlias nains et recouvrez de 1 cm de ce même terreau. Arrosez en pluie fine, gardez au chaud et maintenez humide jusqu'à l'apparition des premières feuilles 1 semaine plus tard.

Seules certaines variétés naines (40 cm) peuvent se semer telles que 'Arlequin' jaune et rouge, 'Sunny' jaune vif, 'Diablo' et 'Figaro' blancs, jaunes, orange, roses ou rouges.

Hauteur : *20 cm à 1,50 m*
Distance de plantation : *25 à 60 cm*
Floraison : *juin à octobre*
Arrosage : 💧💧
Maladies et parasites : *pourriture grise, oïdium, pucerons*
Idées d'association : *géranium, sauge, verveine, œillet d'Inde*

Repiquez

Une quinzaine de jours plus tard, arrachez délicatement les jeunes plants pour les planter un à un en godets. Placez sous châssis. Ouvrez ce dernier dès que les jeunes plants ont repris leur croissance.

Plantez

En mai, plantez les jeunes dahlias nains issus de vos semis à leur place définitive dans une terre enrichie de compost ou de terreau en les espaçant de 25 à 60 cm.
Vous en trouverez aussi en godets en jardinerie à planter à cette époque également.

Les variétés conseillées

Tous les dahlias ont des qualités similaires. Ils sont divisés en plusieurs familles :

– dahlias à fleurs de cactus ;

– dahlias décoratifs à très grandes fleurs ;

– dahlias pompons ;

– dahlias à fleurs simples, en collerette ;

– dahlias nains ou lilliputs, à petites fleurs.

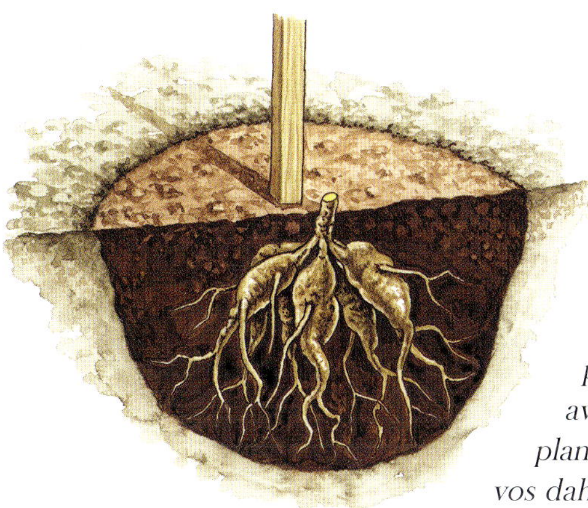

À la même période, plantez les tubercules des autres dahlias dans des trous larges et profonds de telle façon que le reste de tige de l'année précédente soit à peine enterré. Placez un tuteur pour les variétés les plus hautes avant de combler le trou de plantation avec du terreau. Espacez vos dahlias de 25 à 60 cm.

Après les premières gelées

Quand les premières gelées ont noirci le feuillage, coupez les tiges à 12-15 cm de haut. Arrachez les tubercules délicatement avec leur motte de terre. Laissez quelques heures au soleil. Ôtez le maximum de terre et entreposez dans un local frais, aéré et hors gel.

Arrosez abondamment au pied tout l'été, un arrosoir de 10 litres au moins deux fois par semaine s'il fait sec, et supprimez régulièrement les fleurs fanées pour prolonger la floraison jusqu'aux gelées.

★★★ **Vivace**

Diascia

Diascia

Hormis *D. fetcaniensis* que l'on peut planter dans les massifs pour plusieurs années, en terrain bien drainé, même au nord de la Loire, les diascias ne sont pas rustiques et se cultivent comme des fleurs annuelles. Ils apprécient le soleil si le sol reste toujours un peu humide en été.

Quand et comment cultiver

Plantez

En avril ou en mai, quand les risques de gelées printanières ne sont plus à craindre dans votre région, plantez les diascias achetés en godets. Étalez bien les tiges en tous sens et jetez une poignée de terreau au centre de la touffe.

Préférez les petites plantes en godets : elles fleuriront rapidement et tout l'été. Les potées cessent de fleurir juste après la plantation ; les nouvelles fleurs n'apparaissent qu'au cœur de l'été.

Hauteur : *20 à 50 cm*
Distance de plantation : *10 cm*
Floraison : *juin à septembre*
Arrosage :

Maladies et parasites : *pucerons, limaces*
Idées d'association : *penstémon, némésia, pois de senteur et pois vivace, spirée à trois feuilles* (Gillenia)

À la même période, vous pouvez les planter en jardinière dans du terreau pour géraniums et plantes fleuries. Enterrez alors 1 à 2 cm de la base des tiges.

Entretenez

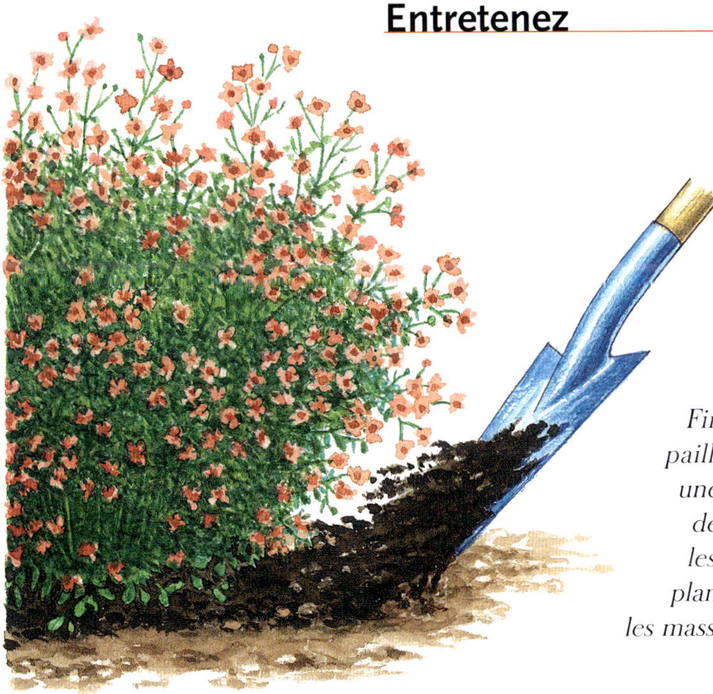

Fin juillet, paillez avec une couche de terreau les diascias plantés dans les massifs.

Arrosez tous les 2 jours en été, surtout s'il fait sec, sinon la floraison s'arrête. Ajoutez de l'engrais liquide une fois par semaine pour les diascias en pots.

Après les premières gelées

Attendez le printemps suivant pour couper les restes de végétation des diascias vivaces : les fleurs et les tiges sèches les protégeront du froid. Arrachez les sujets cultivés en annuelles et jetez-les.

Les variétés conseillées

'Pink Queen' (25 cm) rose ; 'Apricot Queen' (25 cm) abricot ; 'Blackthorn Apricot' (20 cm) saumon ; 'Ruby Field' (20 cm) rose foncé ; *D. vigilis* (50 cm) rose clair ; *D. fetcaniensis* (50 cm) rose.

Digitale

Digitalis

Cette plante vivace ne vit guère au-delà de 2 à 3 ans, mais se ressème spontanément en abondance quand l'endroit lui plaît. Elle apprécie l'ombre et la mi-ombre, les sols légers, riches et pas trop secs en été.

Quand et comment cultiver

Semez en pépinière

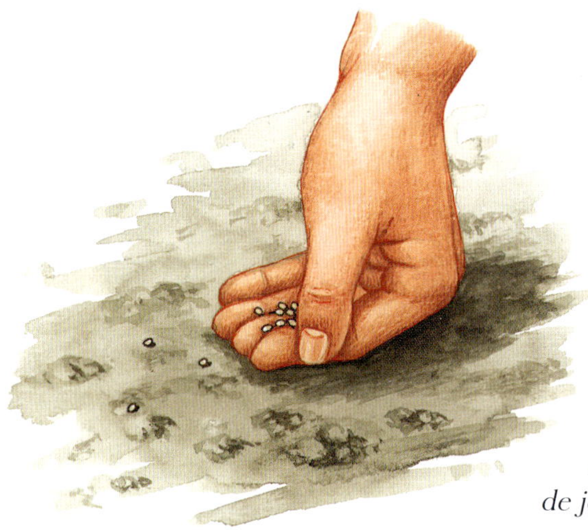

En juin, semez les digitales dans un endroit bien ombragé de la pépinière. Ratissez pour couvrir les graines et arrosez en pluie fine. Maintenez humide jusqu'à l'apparition des premières feuilles une dizaine de jours plus tard.

Hauteur : *80 cm à 1,50 m*

Distance de plantation : *40 cm*

Floraison : *juin à août*

Arrosage :

Maladies et parasites : *oïdium*

Idées d'association : *barbe-de-bouc, cimicifuga, hosta, astilbe*

Éclaircissez

Fin juillet, éliminez les plants les plus faibles pour n'en conserver qu'un tous les 12 à 15 cm.

Plantez

En septembre ou octobre, plantez les jeunes digitales à leur place définitive après avoir enrichi la terre avec du compost.

Vous pouvez aussi planter, à la même époque, des digitales achetées en godets en jardinerie.

Les variétés conseillées

D. lanata (80 cm) brune et blanche ; *D. lutea* (80 cm) jaune clair ; *D. purpurea* (1,20 à 1,50 m) : 'Alba' blanc, 'Apricot' saumon-abricot, 'Glittering Prizes' rose, violet et saumon, en mélange blanc, saumon, chamois, rose et rouge, 'Gloxiniiflora' rouge et rose.

Ne coupez pas les hampes florales après la défloraison. Laissez-les produire des graines qui se ressèmeront sur place.

Érigéron

Erigeron

Ses fleurs ressemblent à de plus ou moins grosses pâquerettes déclinant les teintes roses ou mauves, voire le blanc. Il fleurira abondamment au soleil (si ce dernier n'est pas trop écrasant), dans un sol riche, bien drainé et pas trop sec en été.

Quand et comment cultiver

Plantez

En mars-avril ou en septembre-octobre, plantez les érigérons en godets, en mélangeant une bonne poignée de compost à la terre extraite du trou de plantation. Arrosez abondamment juste après la plantation.

Si vous plantez au printemps, raccourcissez de quelques centimètres l'extrémité des tiges.

Hauteur : *40 à 70 cm*
Distance de plantation : *40 cm*
Floraison : *juin à août*
Arrosage :
Maladies et parasites : *oïdium, pucerons*
Idées d'association : *rudbeckia, hélénium, héliopsis, monarde, phlox, gypsophile*

Entretenez

Chaque année à l'automne, étalez une bonne couche de compost autour du pied des érigérons.

Les variétés conseillées

E. auriantiacus (40 cm) orange vif et jaune ; *E. glaucus* (40 cm) rose ; *E. karvinskianus* 'Profusion' (40 cm) rose et blanc ; 'Quakeress' (70 cm) lavande ; 'Dunkelste Aller' (70 cm) violet foncé.

Attendez le printemps pour couper près du sol les restes de végétation des érigérons.

Freesia

Freesia

Les bulbes de freesias ne dépassent pas 2 cm de diamètre. Leurs fleurs sont plus ou moins parfumées. Ils apprécient le soleil et les sols légers, sableux et riches. Ces bulbes sont frileux et ne peuvent passer l'hiver dehors sous nos climats.

Quand et comment cultiver

Plantez

En février ou mars, plantez les bulbes à 2-3 cm de profondeur, dans des pots profonds et étroits, remplis d'un mélange de terreau (2/3) et de sable (1/3). Groupez-les par 5 ou 6, espacés de 25 cm. Placez à la lumière, gardez au chaud jusqu'en mai et arrosez régulièrement.

Entretenez

À partir d'avril et jusqu'à ce que le feuillage jaunisse, arrosez une fois tous les 15 jours en diluant un engrais liquide dans l'eau d'arrosage. Les potées peuvent alors séjourner dehors.

Hauteur : *30 à 60 cm*
Distance de plantation : *25 cm*
Floraison : *juin à août*
Arrosage :

Maladies et parasites : *pucerons, nématodes*
Idées d'association : *en potées*

Quand le feuillage des freesias est sec, arrêtez les arrosages, dépotez et séparez les bulbes. Conservez-les dans un endroit frais, aéré et hors gel. Vous les planterez de nouveau de la même façon que précédemment le printemps suivant.

Les variétés conseillées

Les bulbes sont le plus souvent vendus en mélange de couleurs, rouge, jaune, orange, blanc et lavande.

Poursuivez les arrosages au-delà de la floraison afin que le feuillage reste vert plus longtemps.

Fritillaire

Fritillaria

Cette plante apprécie le soleil et une bonne terre de jardin, riche et pas trop sèche en été. Elle peut rester en place de nombreuses années. La fritillaire pintade est même capable de vivre au bord de l'eau en sol léger et bien drainé.

Quand et comment cultiver

Plantez

En août ou septembre, le plus tôt possible à l'automne, posez les bulbes de fritillaire, légèrement inclinés, sur un lit de sable, dans des trous de 15 à 20 cm de profondeur, espacés de 30 cm.

Entretenez

Chaque printemps, étalez au pied de chaque fritillaire une pelletée de terreau.

Hauteur : *60 cm à 1 m*
Distance de plantation : *30 cm*
Floraison : *mars à avril*
Arrosage :
Maladies et parasites : *pourriture grise, pucerons, nématodes*
Idées d'association : *monnaie-du-pape*

En juillet, quand le feuillage a jauni, coupez la plante au ras du sol et marquez son emplacement avec un bâton.

Après la floraison, n'oubliez pas de couper les tiges des fleurs le plus court possible.

Tous les 5 ans, en juillet, lorsque les fleurs deviennent moins abondantes et leurs tiges plus courtes au printemps, arrachez délicatement la souche et séparez-la en 2 à 3 parties à la main. Plantez immédiatement ces éclats.

Les variétés conseillées

Fritillaire impériale ou couronne impériale *(F. imperialis)* : de nombreuses espèces et variétés de couleurs jaunes, rouges ou orangées ; fritillaire pintade *(F. meleagris)* lilas et blanche.

★★★ **Arbuste**

Fuchsia

Fuchsia

Cet arbuste préfère la mi-ombre, mais peut pousser au soleil s'il est suffisamment arrosé : il ne supporte pas les à-coups d'arrosage. Il apprécie les terrains riches et frais en été. Certaines variétés, issues du fuchsia de magellan *(F. magellanica)*, sont capables de vivre en pleine terre jusqu'en Île-de-France. Les autres sont à cultiver en pots afin de les abriter du froid en hiver.

Hauteur : *20 cm à 1,20 m*
Distance de plantation : *40 cm*
Floraison : *juin à septembre*
Arrosage :
Maladies et parasites : *pucerons, oïdium*
Idées d'association : *coléus, agératum, bégonia, sauge, œillet d'Inde*

Quand et comment cultiver

Plantez

En avril ou mai, quand ils vous sont proposés en fleur, plantez vos fuchsias dans des pots d'au moins 18 à 20 cm de diamètre, remplis de terreau spécial géraniums. Si vous les installez en pleine terre, ajoutez une pelletée de compost dans le trou de plantation.

Entretenez

En juin, après un arrosage copieux, étalez à la base des arbustes une bonne couche de tontes de gazon sèches ou de paillettes de lin.

Durant tout l'été, coupez les fleurs fanées et les feuilles jaunies.

S'il fait très sec, vaporisez le feuillage le soir pour le rafraîchir. Arrosez régulièrement, surtout les fuchsias cultivés en pots.

Avant les premières gelées

En octobre, coupez toutes les branches à 10 cm de leur base. Couvrez de feuilles mortes les fuchsias qui restent en pleine terre. Entreposez les plantes en pots dans un local hors gel. Arrosez alors une fois par mois. Vous ressortirez les pots au mois d'avril suivant.

Les variétés conseillées

Très nombreuses variétés à fleurs plus ou moins grandes, déclinant la gamme des roses, des blancs et des bleus, parfois bicolores.

★

Gaillarde

Gaillardia

Les gaillardes n'aiment que le soleil et les terres de jardin riches et profondes. Il en existe des variétés annuelles à semer tous les ans et des vivaces qui refleuriront plusieurs années de suite après la plantation.

Quand et comment cultiver

Semez sous châssis

En mars-avril pour les annuelles, ou en mai-juin pour les vivaces, répartissez les graines de façon homogène dans un coin du châssis, recouvrez de 1 cm de terreau, tassez et arrosez en pluie fine. Maintenez humide jusqu'à l'apparition des premières feuilles 15 jours plus tard.

Hauteur : *40 à 70 cm*
Distance de plantation : *20 à 30 cm*
Floraison : *juin à septembre*
Arrosage : 💧💧
Maladies et parasites : *pucerons, oïdium*
Idées d'association : *benoîte, silène, soleil, coréopsis, érigéron, solidago*

Repiquez

En début d'été, arrachez délicatement les gaillardes vivaces et plantez-les immédiatement dans votre pépinière en les espaçant de 15 cm.

Plantez

En mai de la même année (annuelles) ou de l'année suivant le semis (vivaces), installez les jeunes plants dans les massifs en les espaçant de 20 à 30 cm. Jetez une poignée de terreau dans chaque trou de plantation. Vous pouvez aussi les acheter en godets et les planter à la même époque.

Les variétés conseillées

Annuelles : 'Plume' (40 cm) rouge ou jaune.

Vivaces : 'Kobold' (40 cm) rouge et jaune ; 'Goblin' (40 cm) rouge cerclé de jaune ; 'Maxima Aurea' (60 à 70 cm) jaune pur ; 'Royale' (60 à 70 cm) rouge bordé de jaune.

Entretenez

Durant l'été, coupez les fleurs fanées : la formation des graines arrête net la floraison.

Après les premières gelées, arrachez les annuelles et coupez au ras du sol les restes de végétation des gaillardes vivaces.

★★

Vivace

Géranium

Geranium

La famille des géraniums vivaces est vaste. Vous en trouverez toujours un qui s'adapte à votre situation, aussi particulière soit-elle. Au soleil comme à l'ombre, en terrain sec et pauvre ou riche et frais...

Quand et comment cultiver

Semez en caissette

Entre mars et avril, dans une caissette remplie de terreau pour semis, répartissez les graines de manière espacée. Recouvrez de terreau (1 cm environ), tassez et arrosez en pluie fine. Placez au chaud et maintenez humide jusqu'à l'apparition des premières feuilles 15 jours plus tard.

Repiquez

Un mois plus tard environ, arrachez délicatement les jeunes plants et plantez-les immédiatement dans des godets remplis de terreau ordinaire. Placez dans un endroit abrité en plein air.

Hauteur : *20 à 70 cm*
Distance de plantation : *30 cm*
Floraison : *juin à novembre*
Arrosage :

Maladies et parasites : *pucerons*
Idées d'association : *très variées selon les coloris des variétés cultivées*

Plantez

En juillet ou en août, plantez les jeunes géraniums à leur place définitive en glissant une bonne poignée de compost dans le trou de plantation. Ils ne fleuriront que l'année suivante.

Les variétés conseillées

'Biokovo' (20 à 25 cm) blanc rosé ; 'Ballerina' (20 à 25 cm) rose veiné de lilas ; 'Gravetye' (30 à 40 cm) bleu violacé ; 'Johnson's Blue' (30 à 40 cm) bleu pur ; 'Kashmir White' (50 à 70 cm) blanc ; 'Patricia' (50 à 70 cm) rouge magenta ; 'Mrs Kendall Clark' (50 à 70 cm) bleu lavande.

Vous pouvez également planter des géraniums vivaces achetés en godets au printemps ou à l'automne.

Entretenez

Après la floraison, coupez les touffes à quelques centimètres du sol avec une cisaille à gazon par exemple.

Après la taille, disposez autour des géraniums une bonne couche de compost et arrosez copieusement une fois par semaine dans le mois qui suit.

Giroflée

Cheiranthus, Matthiola

Les giroflées se contentent d'un terrain pauvre, mais surtout bien drainé. Plantez-les au soleil, elles adorent la chaleur. Bien que vivaces, elles disparaissent parfois d'une année sur l'autre. Aussi les giroflées d'été *(Matthiola)* sont-elles souvent cultivées comme des annuelles et celles de printemps *(Cheiranthus)* comme des bisannuelles.

Hauteur : *20 à 60 cm*
Distance de plantation : *20 cm*
Floraison : *mars à mai*
Arrosage :

Maladies et parasites : *pucerons, oïdium, limaces*
Idées d'association : *myosotis, tulipe, pensée, œnothère, achillée*

Quand et comment cultiver

Semez en pépinière

Entre mars et avril (giroflées d'été) ou en juillet (giroflées de printemps), répartissez les graines dans un coin de la pépinière. Ratissez, tassez et arrosez en pluie fine. Maintenez humide jusqu'à l'apparition des premières feuilles 1 semaine plus tard.

Pour les semis d'été, choisissez un endroit ombragé ou couvrez le semis d'une toile d'ombrage.

Plantez

Dès que les giroflées atteignent 5 cm, en mai (giroflées d'été) ou en septembre (giroflées de printemps), arrachez-les délicatement et plantez-les à leur place définitive en les espaçant de 20 cm. Utilisez le plantoir pointu pour que la longue racine soit bien droite.
Vous pouvez également planter des giroflées achetées en godets aux mêmes périodes.

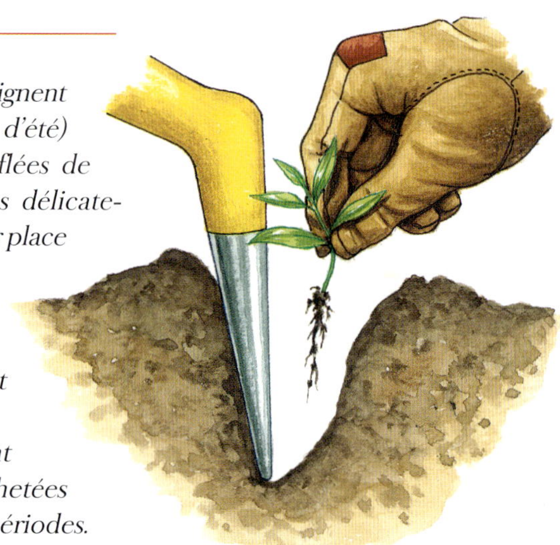

Entretenez

En début d'été (giroflées de printemps) ou en octobre (giroflées d'été), arrachez les plantes défleuries même si, en principe, elles sont vivaces. La seconde année de floraison est le plus souvent décevante.

Les variétés conseillées

Annuelles *(Matthiola)* **:** 'Excelsior' (50 cm) en mélange ou bleu, jaune, rouge, rose-lilas, violet; 'Joy' (50 cm) en mélange ou blanc, rose, carmin.

Bisannuelles *(Cheiranthus)* **:** 'Cinderella' (20 cm) en mélange ou blanc, bleu, rose, rouge foncé; 'De Nice' (50 à 60 cm) en mélange ou blanc, jaune canari, rose clair, cramoisi, bleu clair.

Glaïeul

Gladiolus

Le glaïeul aime le soleil et s'adapte à toutes les terres de jardin. Si le sol est trop riche, il grandit excessivement. S'il est très pauvre, vous pouvez ajouter une poignée de terreau à la plantation. Veillez à le protéger du vent.

Quand et comment cultiver

Plantez

Après la mi-avril, creusez des trous de 20 à 25 cm de diamètre et d'une dizaine de centimètres de profondeur. Disposez les bulbes au fond, la pointe vers le haut, par groupe de 6 à 8. Recouvrez, tassez légèrement et arrosez au goulot (arrosoir sans pomme).

Entretenez

Quand les glaïeuls ont une trentaine de centimètre de haut, placez un tuteur en cercle autour d'eux, à cette même hauteur. Cela suffit à les maintenir naturellement lors de la floraison.

Hauteur : *50 cm à 1 m*
Distance de plantation : *20 cm*
Floraison : *juillet à août*
Arrosage :
Maladies et parasites : *limaces*
Idées d'association : *bleuet, lavatère, cosmos*

Lorsque vous cueillez les fleurs des glaïeuls pour faire des bouquets, ne coupez pas les tiges trop court afin de garder un maximum de feuilles à la base de la plante.

Plantés parmi des arbustes, les glaïeuls n'ont généralement pas besoin de soutien. Ils s'appuient alors sur les branches basses de leurs voisins.

Après les premières gelées

Quand les feuilles sont brunies, soulevez les touffes de glaïeuls à la bêche et arrachez délicatement. Coupez les tiges à 10 cm de leur base et laissez les bulbes sécher quelques heures au soleil. Puis ôtez les restes de terre et entreposez dans des cageots dans un endroit sec, à l'abri de la lumière et du gel.

Les variétés conseillées

Il existe d'innombrables variétés, à choisir pour leurs coloris selon vos goûts.

★★

Annuelle

Godétia

Godetia

Cette annuelle apprécie les bonnes terres de jardin, assez riches et plutôt fraîches en été, et le plein soleil. On la trouve également sous le nom de clarkia.

Quand et comment cultiver

Semez en caissette

En mars ou avril, dans une caissette remplie de terreau pour semis, répartissez les graines en les espaçant bien (une graine tous les 3 à 5 cm) et émiettez un peu de terreau dessus. Tassez et arrosez en pluie fine. Maintenez humide jusqu'à l'apparition des premières feuilles une dizaine de jours plus tard.

Plantez

Un mois plus tard environ, à partir de la mi-avril, quand les jeunes godétias ont 10 cm de haut, arrachez-les délicatement et plantez-les à leur place définitive en les espaçant de 20 cm environ.

Hauteur : *20 à 50 cm*

Distance de plantation : *20 cm*

Floraison : *juin à septembre*

Arrosage :

Maladies et parasites : *pourriture du collet*

Idées d'association : *géranium, dahlia, pétunia, sauge*

Entretenez

Quand la tige de vos godétias atteint 20 à 25 cm, coupez-la à mi-hauteur pour une floraison plus abondante.

Arrosez régulièrement jusqu'à l'éclosion des premières fleurs. En été, couvrez le sol au pied des plantes d'une bonne couche de compost.

Après les premières gelées

Quand le froid a bruni le feuillage, arrachez les godétias et jetez-les.

Les variétés conseillées

'Satin' (25 cm) en mélange ou blanc, rose saumon, rose foncé, rouge, rose clair, lavande; 'Amethyst Glow' (25 cm) rose-violet; 'À fleurs d'azalée' (40 à 50 cm) rose, rouge ou blanc; 'Grace' (40 à 50 cm) en mélange de nuances de rose.

★★★

Annuelle, vivace

Gypsophile

Gypsophila

Il existe deux types de gypsophiles : l'un annuel *(G. elegans)* et l'autre vivace *(G. paniculata)*. Tous deux apprécient le soleil et la chaleur. Plantez-les dans un terrain bien drainé, surtout en hiver pour les variétés vivaces.

Quand et comment cultiver

Semez directement en place

D'avril à juin, répartissez les graines de gypsophile annuelle de façon homogène et ratissez délicatement pour les recouvrir. Tassez, arrosez en pluie fine et maintenez bien humide jusqu'à l'apparition des premières feuilles 15 jours plus tard.

Hauteur : *50 cm à 1 m*
Distance de plantation : *30 cm*
Floraison : *juin à septembre*
Arrosage :

Maladies et parasites : *pucerons*
Idées d'association : *immortelle, chrysanthème, godétia, centaurée, pois de senteur*

Semez en pépinière

D'avril à juillet, dans un coin de la pépinière, répartissez les graines de gypsophile vivace de façon homogène, ratissez délicatement, tassez et arrosez en pluie fine. Conservez bien humide jusqu'à l'apparition des premières feuilles 15 jours plus tard.

Éclaircissez

Un mois après le semis, éliminez les plants les plus faibles des gypsophiles annuelles (semées en place) pour n'en conserver qu'un tous les 30 cm.

Les variétés conseillées

Moyennes (50 cm) **:** 'Kermesina' (annuelle) rouge foncé ; 'Géant Blanc Roi des Halles' (annuelle) blanc ; 'À grandes fleurs' (annuelle) rose ou cramoisi ; 'Covent Garden' (annuelle) blanc ; 'Gypsy' (vivace) rose.

Grandes (1 m) **:** 'Bristol Fairy' (vivace) blanc ; 'Flamingo' (vivace) rose.

Repiquez

Un mois et demi plus tard, arrachez délicatement les jeunes gypsophiles vivaces et plantez-les de nouveau en pépinière en les espaçant de 12 à 15 cm.

Plantez

En octobre, plantez à leur place définitive les gypsophiles vivaces en les espaçant de 30 cm. Vous pouvez également vous procurer de jeunes plants de gypsophile vivace en godets à planter en automne ou au printemps.

Après les premières gelées, arrachez les gypsophiles annuelles. Attendez le printemps pour couper les restes de végétation secs des variétés vivaces.

★★★

Annuelle

Héliotrope

Heliotropium

Les soirs d'été, les fleurs très parfumées des héliotropes embaument de senteurs vanillées les jardins et les balcons. Ces plantes apprécient la chaleur et le soleil et prospèrent bien en sol riche, bien drainé et frais en été.

Quand et comment cultiver

Semez en caissette

En mars ou avril, dans une caissette remplie de terreau spécial semis, répartissez les graines en surface et recouvrez en émiettant du terreau. Tassez et arrosez en pluie fine. Maintenez bien humide et au chaud jusqu'à l'apparition des premières feuilles une bonne semaine plus tard.

Hauteur : *30 cm*
Distance de plantation : *20 à 40 cm*
Floraison : *juin à octobre*
Arrosage :
Maladies et parasites : *oïdium, limaces, escargots, mouches blanches*
Idées d'association : *campanule, célosie*

Repiquez

Quand les jeunes plants ont 3 à 4 feuilles, 3 semaines plus tard, arrachez délicatement les jeunes plants et plantez-les individuellement dans des godets remplis de terreau ordinaire.

Plantez

Entre mai et juin, plantez les jeunes héliotropes à leur place définitive, dans vos massifs ou en pot. Arrosez abondamment après la plantation, au goulot (arrosoir sans pomme).

Vous en trouverez à la même époque en godets dans les jardineries, à planter au même moment. Coupez les fleurs s'il y en a.

Les variétés conseillées

'Mini-Marine' et 'Marine' bleu-violet foncé.

Entretenez

Arrosez régulièrement vos héliotropes (tous les 2 jours en été), le soir, au jardin comme en pot, avec un jet doux, en mouillant le feuillage dessus et dessous pour éviter les attaques de mouches blanches.

En octobre, arrachez les pieds et jetez-les.

★★

Vivace

Hellébore

Helleborus

Cette vivace aime les terres profondes, riches, même calcaires, et l'ombre légère, voire le soleil s'il n'est pas brûlant. Elle ne fleurit en abondance que lorsqu'elle est bien installée : il vaut mieux éviter de la diviser ou de la déplacer.

Hauteur : *30 à 60 cm*
Distance de plantation : *20 cm*
Floraison : *février à avril*
Arrosage :

Maladies et parasites : *pourriture du collet*
Idées d'association : *fougères, chionodoxa, perce-neige*

Quand et comment cultiver

Plantez

D'octobre à mars, plantez les hellébores achetés en godets, en les espaçant de 20 cm. Comblez le trou de plantation avec du terreau de feuilles.

Entretenez

Au début du printemps, après la floraison, coupez les fleurs fanées.

Les variétés conseillées

'Purpurascens' (30 cm) rose foncé; *H. orientalis* (30 cm) blanc-crème ou rose; *H. niger* ou rose de Noël (30 cm) blanc teinté de rose; *H. argutifolius* (50 cm) vert clair.

Arrosez copieusement une fois par semaine l'été qui suit la plantation. Ce sera inutile les années suivantes, sauf en cas de grande sécheresse.

Hémérocalle

Hemerocallis

L'hémérocalle ne fleurira abondamment qu'en situation bien ensoleillée, même si elle tolère une ombre légère. Elle apprécie les terres riches et toujours un peu humides en été. Lors de la plantation, formez des groupes de 3 hémérocalles au moins d'une même variétés pour obtenir un bel effet.

Quand et comment cultiver

Plantez

En septembre, plantez les hémérocalles achetées en potée déjà bien fournie ou sous forme de racine charnue, placée alors à 12 à 15 cm de profondeur. Comblez le trou de plantation avec du compost et arrosez abondamment.

Entretenez

En mars, disposez à la base des plantes une bonne couche de compost (6 à 8 cm d'épaisseur).

Hauteur : *1 m*
Distance de plantation : *80 cm*
Floraison : *juin à novembre*
Arrosage :

Maladies et parasites : *limaces*
Idées d'association : *astilbe, iris d'eau, salicaire*

En cours de floraison, éliminez régulièrement les feuilles jaunies et les fleurs fanées, sinon la floraison s'en trouve écourtée.

Les variétés conseillées

Il existe de très nombreuses variétés, de durée de floraison, de tailles diverses qui ont des qualités similaires. Choisissez en fonction de votre goût.

Quand la floraison devient moins abondante d'une année sur l'autre, divisez la touffe en septembre.

Après les premières gelées

En octobre ou novembre, coupez les feuilles sèches au ras du sol.

Heuchère

Heuchera

L'heuchère s'adapte au soleil ou à l'ombre si elle a les racines au frais, surtout en été. Réservez-lui une terre riche (du compost à la plantation est bienvenu), même lourde. Son feuillage persistant, richement coloré parfois, en fait une plante décorative en toute saison.

Hauteur : *40 à 60 cm*
Distance de plantation : *25 cm*
Floraison : *juin à août*
Arrosage :
Maladies et parasites : *oïdium, pourriture du collet, limaces*
Idées d'association : *graminées, fougères, aster d'été*

Quand et comment cultiver

Plantez

En mars-avril ou en septembre-octobre, plantez les heuchères achetées en godets en les espaçant de 25 cm. Comblez le trou de plantation avec du terreau de feuilles.

Entretenez

Arrosez copieusement en cas de sécheresse estivale prolongée.

Durant l'été, coupez les fleurs fanées pour garder les touffes élégantes.

En septembre, coupez les dernières fleurs et ôtez les feuilles sèches. Couvrez le sol d'une bonne couche de compost.

Les variétés conseillées

'Chocolate Ruffles' (40 cm) pourpre ; 'Pewter Moon' (40 cm) blanc ; 'Pluie de feu' (60 cm) rouge sang ; 'Palace Purple' (60 cm) blanc.

★★

Vivace

Hosta

Hosta

Les hostas sont davantage cultivés pour la beauté de leur feuillage que pour leurs fleurs, malgré tout spectaculaires, déclinant toutes les nuances du violet et du blanc. Ils apprécient la fraîcheur d'un coin d'ombre pourvu que le sol y soit riche et pas trop sec en été.

Hauteur : *40 à 80 cm*
Distance de plantation : *40 cm*
Floraison : *juin à septembre*
Arrosage :
Maladies et parasites : *pourriture grise, oïdium, limaces*
Idées d'association : *hémérocalle, anémone, montia*

Quand et comment cultiver

Plantez

En avril-mai ou en septembre-octobre, plantez les hostas achetés en godets en les espaçant de 40 cm. Comblez le trou de plantation avec du terreau de feuilles. Prévoyez une protection contre les limaces dès la plantation, surtout au printemps.

Entretenez

En juin, désherbez soigneusement et entourez la base des plantes d'une bonne couche de terreau de feuilles ordinaire.

Les variétés conseillées

Moyennes (40 cm) **:** 'Halcyon' feuilles en cœur gris-bleu, fleur lilas ; 'Golden Medallion' feuilles gaufrées et dorées, fleur lilas.

Hautes (60 à 80 cm) **:** 'August Moon' grandes feuilles jaune d'or, fleur lilas ; 'Betsy King' feuilles ovales vert foncé, fleur violette ; 'Royal Standard' feuilles vert-jaune, en cœur, fleur blanc pur.

Arrosez copieusement une fois par semaine l'été qui suit la plantation. Ce sera inutile les années suivantes, sauf en cas de sécheresse estivale prolongée.

★★★ **Annuelle**

Immortelle

Helichrysum bracteatum, Bracteantha bracteata

L'immortelle aime la chaleur et le soleil. Cette plante annuelle s'accommode de tous les types de sol, de préférence un peu riches cependant.

Quand et comment cultiver

Semez en place

D'avril à mai, répartissez les graines là où vous souhaitez les voir fleurir, de façon homogène. Recouvrez de terreau émietté, tassez et arrosez en pluie fine. Maintenez humide jusqu'à l'apparition des premières feuilles 15 jours plus tard.

Éclaircissez

Un mois plus tard, entre mai et juin, éliminez les jeunes plants les plus faibles pour n'en garder qu'un tous les 15 à 20 cm.

Hauteur : *30 à 50 cm*
Distance de plantation : *15 à 20 cm*
Floraison : *juin à août*
Arrosage :
Maladies et parasites : *pucerons*
Idées d'association : *zinnia, gazania*

Après les premières gelées

Lorsque les premiers froids ont noirci leur feuillage, arrachez et jetez les immortelles.

Les variétés conseillées

'Tanner's Pride' blanc ; 'Valentine' jaune, 'Summer Solstice' en mélange ; 'Schweffellicht' jaune soufre.

Les fleurs d'immortelle se sèchent facilement réunies en botte la tête en bas, dans un endroit aéré et sec. Cueillez-les quand elles sont bien épanouies et vivement colorées.

★★★ **Annuelle**

Impatiens

Impatiens

Les impatiens supportent mal le soleil de l'après-midi. Elles préfèrent nettement l'ombre et la mi-ombre. Offrez-leur un sol riche et toujours un peu humide en été. En jardinière, optez pour un terreau spécial géraniums enrichi d'une poignée de compost.

Quand et comment cultiver

Semez en caissette

En avril, dans une caissette remplie de terreau spécial semis, répartissez les graines en surface. Ne les recouvrez pas. Tassez et arrosez en pluie fine. Maintenez bien humide et au chaud (15 à 18 °C) jusqu'à l'apparition des premières feuilles une bonne semaine plus tard.

Les graines sont très fines. Le semis sera plus facile si vous les mélangez à du sable fin.

Repiquez

Quand les jeunes plants ont 3 à 4 feuilles, un bon mois plus tard, arrachez délicatement les impatiens et plantez-les de nouveau en caissette (remplie de terreau ordinaire), en les espaçant de 5 cm.

Hauteur : *20 à 80 cm*
Distance de plantation : *20 cm*
Floraison : *mai à octobre*
Arrosage :
Maladies et parasites : *pourriture grise, limaces*
Idées d'association : *coléus, bégonia*

Plantez

À partir de la mi-mai, plantez vos impatiens à leur place définitive en les espaçant de 20 cm. Arrosez abondamment après la plantation, au goulot (arrosoir sans pomme). Coupez quelques centimètres de l'extrémité de la tige. Vous en trouverez à la même époque en godets dans les jardineries, à planter tout de suite.

Les variétés conseillées

Il existe plusieurs centaines de variétés aux couleurs diverses (du blanc au pourpre en passant par le violet, le mauve ou le saumon), ayant des qualités similaires. Choisissez selon vos goûts.

Entretenez

Durant l'été, arrosez presque quotidiennement vos impatiens, notamment celles cultivées en pots, pour maintenir la floraison, sans mouiller le feuillage. Ajoutez de l'engrais liquide à l'eau d'arrosage, une fois par semaine, surtout pour les plantes en pots.

Après les premières gelées, arrachez et jetez les restes de culture.

Ipomée, Belle-de-jour

Ipomoea purpurea, I. tricolor

Les ipomées ont besoin d'un support pour enrouler leurs tiges et grimper. Elles aiment le soleil et les terres riches, un peu humides en été, mais bien drainées. Placez-les à l'abri du vent et des courants d'air.

Quand et comment cultiver

Semez en godets

En avril, semez 3 à 5 graines d'ipomée dans des godets remplis de terreau pour semis. Enfoncez-les avec le doigt à 2 cm de profondeur environ. Tassez et arrosez en pluie fine. Placez à l'abri (sous châssis non chauffé) et maintenez humide jusqu'à l'apparition des premières feuilles une dizaine de jours plus tard.

Faites tremper les graines dans de l'eau tiède la veille du semis afin d'accélérer la germination. Éliminez toutes celles qui flottent encore le lendemain.

Hauteur : *3 m*
Distance de plantation : *50 à 60 cm*
Floraison : *mai à octobre*
Arrosage :
Maladies et parasites : *pucerons*
Idées d'association : *capucine des Canaris,* Mina lobata

Éclaircissez

Trois semaines plus tard, éliminez les plants les plus faibles pour n'en conserver qu'un seul par godet.

Plantez

Fin mai, quand les jeunes plants ont 12 à 15 cm de haut, plantez-les au pied d'un support en les espaçant de 50 à 60 cm.

Après les premières gelées

Arrachez tout, nettoyez le support des restes de végétation et jetez tous ces déchets végétaux.

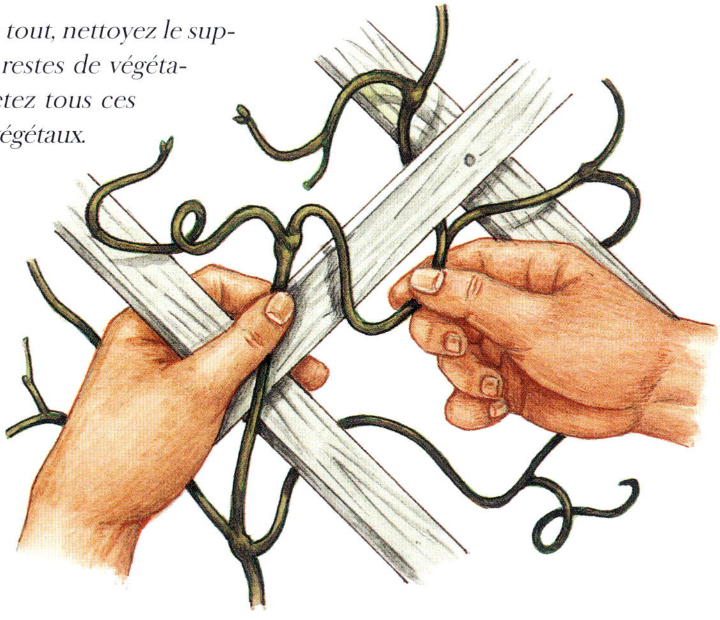

Les variétés conseillées

'Heavenly Blue' bleu ciel ; 'Flying Saucers' bleu strié de blanc ; 'Knowlian's Black' violet foncé.

Iris

Iris

Les iris se partagent en trois grands groupes : les iris de Hollande (bulbe) fleuris en avril ou mai, qui redoutent les sols très humides ; les iris des jardins (rhizome) fleuris en mai ou juin, pour sols secs et pas trop pauvres ; les iris d'eau, en fleur en juin ou juillet, pour les berges et le bord de l'eau. Tous apprécient le soleil.

Hauteur : *20 cm à 1 m*
Distance de plantation : *10 à 40 cm*
Floraison : *avril à juillet*
Arrosage :

Maladies et parasites : *aucun*
Idées d'association : *très variées selon les coloris des nombreuses variétés cultivées*

Quand et comment cultiver

Plantez

En octobre-novembre ou en février-mars, plantez les iris bulbeux, pointe vers le haut, à une dizaine de centimètres de profondeur par groupe de 6 à 8, en espaçant les bulbes de 10 à 12 cm.

Repérez l'emplacement des iris bulbeux avec un petit tuteur discret, car ils disparaissent peu après leur floraison pour plusieurs mois.

Entre fin juillet et septembre, pour les iris à rhizome, creusez des trous peu profonds en éventail et en pente douce, espacés de 30 à 40 cm. Posez le rhizome, côté « départ des feuilles » sur la partie la moins profonde. Recouvrez (le haut du rhizome doit rester apparent), tassez et arrosez sans excès.

Entretenez

Coupez les fleurs fanées des iris des jardins au fur et à mesure de leur défloraison et éliminez leurs feuilles qui jaunissent ou se tachent. Maintenez le sol nu au pied de ces iris par des désherbages successifs.

Les variétés conseillées

Il existe de très nombreuses variétés dans chacun des groupes, à choisir en fonction de votre goût.

Ne recouvrez jamais les iris des jardins d'un paillage quelconque (tontes de gazon, paillettes de lin...) : leur rhizome a besoin de beaucoup de chaleur et déteste l'humidité.

Si vous plantez des iris d'eau directement dans le bassin, mieux vaut les placer dans des paniers percés à cet effet, avant de les immerger.

Jacinthe

Hyacinthus orientalis

La jacinthe a besoin de soleil et de lumière au moment de sa floraison. Ensuite elle accepte une ombre légère. Elle ne fleurira de nombreuses années de suite qu'en terre riche et sèche durant l'été.

Quand et comment cultiver

Plantez

Entre octobre et novembre, étalez toutes vos jacinthes sur la surface à planter en les groupant par 3 à 5. Espacez chaque groupe de 20 cm et laissez 10 à 15 cm entre les bulbes d'un même groupe.

En sol lourd, glissez une poignée de sable au fond du trou.

Hauteur : *20 à 30 cm*
Distance de plantation : *10 à 15 cm*
Floraison : *avril*
Arrosage :
Maladies et parasites : *limaces*
Idées d'association : *pensée, myosotis, giroflée*

Enterrez les jacinthes une à une dans des trous d'une douzaine de centimètres de profondeur creusés avec un plantoir à bulbe. Calez les bulbes, pointe vers le haut, dans les trous. Recouvrez et tassez.

Entretenez

Coupez les épis défleuris et arrosez jusqu'au jaunissement du feuillage. Ajoutez une fois par semaine un engrais spécial plantes fleuries dans l'eau d'arrosage.

Quand le feuillage est sec, coupez-le au ras du sol et arrêtez les arrosages.

Les variétés conseillées

Il existe de très nombreuses variétés formant de gros épis blancs, jaunes, roses, bleus ou rouges, qui ont des qualités similaires. Choisissez en fonction de votre goût.

N'oubliez pas de marquer les emplacements de vos jacinthes avant de couper le feuillage afin de ne pas risquer de les bêcher pour planter d'autres végétaux.

Lavatère

Lavatera

La lavatère se divise en deux catégories : les annuelles *(L. trimestris)*, à semer tous les ans, et les arbustives (*L. olbia* ou *L.* x *thuringiaca*), qui durent de nombreuses années. Toutes les lavatères aiment le soleil et les bonnes terres de jardin, pas trop sèches en été sinon la floraison s'en trouve raccourcie.

Quand et comment cultiver

Semez en place

En mai, répartissez les graines de lavatère annuelle là où vous souhaitez les voir fleurir, en les espaçant de 10 cm environ. Recouvrez de terreau émietté, tassez et arrosez en pluie fine. Maintenez humide jusqu'à l'apparition des premières feuilles 15 à 20 jours plus tard.

Éclaircissez

Un mois plus tard, en juin, éliminez les jeunes plants les plus faibles pour n'en garder qu'un tous les 30 cm.

Hauteur : *50 cm à 1 m*
Distance de plantation : *30 cm (annuelles) ou 40 cm (vivaces)*
Floraison : *juillet à septembre*
Arrosage : 💧💧
Maladies et parasites : *rouille*
Idées d'association : *agératum, géranium, dahlia, sauge*

Plantez

En mars ou avril, plantez les variétés arbustives dans des trous légèrement plus vastes que leur motte. Comblez les vides avec la terre extraite additionnée de compost. Tassez, raccourcissez les branches de moitié. Arrosez copieusement durant les 3 premières semaines qui suivent la plantation.

Les variétés conseillées

Annuelles : 'Mont Blanc' (50 cm) blanc pur; 'Silver Cup' (50 cm) rose vif; 'Ruby Regis' (50 cm) rose; 'Beauty' (60 cm) mélange de blanc pur, rose clair ou foncé.

Arbustives (1 m) **:** 'Barnsley' blanc rosé à cœur rouge; 'Rosea' rose vif.

Si vous enterrez quelques centimètres de la base des rameaux des lavatères arbustives, elles seront plus florifères.

Entretenez

Chaque année, en février ou en mars, coupez les lavatères arbustives à 15-20 cm du sol.

Arrosez copieusement deux fois par semaine les lavatères annuelles durant l'été s'il fait sec.

Après les premières gelées, arrachez et jetez les restes de végétation des lavatères annuelles.

★★

Annuelle, vivace

Lin

Linum

Il existe deux types de lins : l'un annuel *(L. grandiflorum)*, rouge, et l'autre vivace *(L. perenne)*, bleu, blanc ou jaune. Tous deux aiment le soleil et les sols frais en été, mais, en hiver, le lin vivace n'appécie pas les terrains trop humides. S'il se plaît, le lin, vivace ou annuel, se ressème spontanément dans les régions aux hivers cléments.

Hauteur : *30 à 50 cm*
Distance de plantation : *10 à 15 cm*
Floraison : *mai à juillet*
Arrosage :
Maladies et parasites : *pucerons*
Idées d'association : *agératum, sauge, dahlia, œillet d'Inde, géranium*

Quand et comment cultiver

Semez en place

Début avril, répartissez de manière homogène les graines de lin annuel là où vous souhaitez les voir fleurir. Recouvrez de terreau émietté, tassez et arrosez en pluie fine. Maintenez humide jusqu'à l'apparition des premières feuilles 1 mois plus tard.

Semez en pépinière

En mai, répartissez les graines de lin vivace à la volée dans un coin de la pépinière. Émiettez du terreau pour recouvrir, tassez et arrosez en pluie fine. Maintenez bien humide jusqu'à l'apparition des premières feuilles 1 mois plus tard.

Éclaircissez

En juin, éliminez les jeunes lins annuels les plus faibles pour ne conserver qu'un plant tous les 10 cm.

En juin et juillet, arrosez s'il fait sec pour allonger la floraison.

Repiquez

Un mois après le semis, repiquez les jeunes lins vivaces, toujours en pépinière, en les espaçant de 10 cm en tous sens. Opérez par temps gris.

Plantez

En septembre, plantez les jeunes lins vivaces obtenus en pépinière, à leur place définitive, par groupe de 8 à 10, en les espaçant de 10 à 15 cm. Arrosez abondamment après la plantation, au goulot (arrosoir sans pomme). Vous pouvez également vous procurer des lins vivaces en godets, à planter au printemps (mars ou avril).

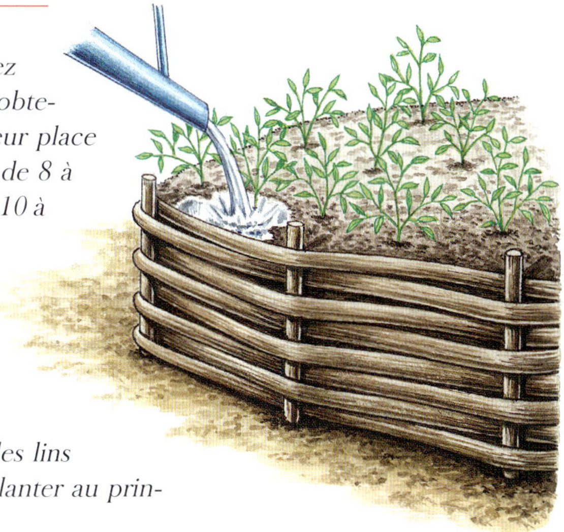

Les variétés conseillées

Annuelles : 'Fluo' rouge foncé.

Vivaces : 'Album' blanc ; 'Flavum' jaune ; 'Narbonense' bleu ciel.

Lis

Lilium

Seul le lis de la Madone *(L. candidum)* se plante en automne ; il a besoin d'un sol sec en été durant sa période de repos. Les autres lis se plantent au printemps, apprécient le soleil et les sols plutôt frais en été.

Quand et comment cultiver

Plantez

En septembre (lis de la Madone) ou en mars-avril (autres lis), plantez les bulbes dans des trous espacés de 20 cm, à peine plus profonds que le bulbe (lis de la Madone), d'une vingtaine de centimètres de profondeur (autres lis). Jetez une poignée de compost dans chaque trou de plantation et calez les bulbes la pointe vers le haut. Recouvrez et tassez.

Hauteur : *50 cm à 2 m*
Distance de plantation : *20 cm*
Floraison : *mai à août*
Arrosage :
Maladies et parasites : *limaces, criocères*
Idées d'association : *azalée, rhododendron, campanule, achillée, pied-d'alouette*

Entretenez

Protégez les jeunes pousses avec des granulés antilimaces jusqu'à ce que les lis atteignent 15 cm de haut.

Entre mai et juin, arrosez copieusement les lis plantés au printemps pour ne pas laisser le sol se dessécher et favoriser un bon enracinement.

Les variétés conseillées

Il existe d'innombrables variétés à fleurs uniques, en épis ou en grappes, aux pétales plus ou moins ouverts ou recourbés, piquetés, tigrés ou striés, blancs, roses, jaunes, orangés ou carminés. Laissez-vous guider par vos goûts.

Les lis peuvent rester plusieurs années en place si votre terrain n'est pas trop humide en été.

★★★ **Annuelle, vivace**

Lobélia

Lobelia

Il existe deux types de lobélias : l'un annuel *(L. erinus)*, bleu, blanc ou rose, et l'autre vivace *(L. cardinalis, L. fulgens, L. syphilitica)*, bleu, rouge ou pourpre. Tous apprécient le soleil, s'il n'est pas brûlant, et les sols riches, un peu frais en été. Le lobélia vivace peut vivre sur les berges d'un étang.

Hauteur : *10 à 80 cm*
Distance de plantation : *10 à 20 cm*
Floraison : *juin à octobre*
Arrosage :

Maladies et parasites : *fonte des semis et diverses pourritures*
Idées d'association : *coléus, agératum, bégonia, sauge, œillet d'Inde*

Quand et comment cultiver

Semez en caissette

En mars ou avril, dans une caissette remplie de terreau spécial semis, répartissez les graines de lobélias annuels en surface. Ne recouvrez pas de terreau. Tassez et arrosez en pluie fine. Maintenez bien humide et au chaud (18 à 20 °C) jusqu'à l'apparition des premières feuilles 15 jours plus tard.

Les graines sont très fines. Le semis sera plus facile si vous les mélangez à du sable fin.

Repiquez

Lorsque les jeunes plants ont 3 à 4 feuilles, un bon mois plus tard, arrachez délicatement les jeunes lobélias annuels et plantez-les dans des godets individuels remplis de terreau ordinaire. Gardez à la chaleur sous châssis ou à l'intérieur.

Plantez

Courant mai, plantez vos lobélias annuels à leur place définitive en les espaçant de 10 à 15 cm. Arrosez abondamment après la plantation, au goulot (arrosoir sans pomme). Vous trouverez à la même époque des lobélias annuels en godets dans les jardineries, à planter au même moment.

Les variétés conseillées

Annuelles : 'Riviera' (10 cm) blanc, bleu ou lilas ; 'Crystal Palace' (10 cm) bleu foncé ; 'Cobalt' (10 cm) bleu ; 'Compliment' (80 cm) bleu, rouge, rose ; 'Fan' (80 cm) rose.

Vivaces : *L. syphilitica* (50 à 60 cm) bleu vif ; *L. cardinalis* (70 à 80 cm) rouge écarlate ; *L. fulgens* 'Queen Victoria' (70 à 80 cm) pourpre.

En avril ou mai, plantez les lobélias vivaces achetés en godets dans des trous espacés de 20 cm. Arrosez abondamment au goulot, immédiatement après la plantation.

Entretenez

En juin, étalez au pied des plantes une bonne couche de tourbe pour que la terre reste humide plus longtemps. Supprimez les fleurs fanées des lobélias vivaces.

Durant l'été, arrosez les lobélias en pots une fois tous les 15 jours avec un engrais soluble spécial plantes fleuries. Après les premières gelées, arrachez et jetez les lobélias annuels.

★★★

Annuelle, vivace

Lupin

Lupinus

Les lupins, vivaces et annuels, aiment la lumière : ils ne fleuriront abondamment que dans les endroits bien dégagés. Offrez-leur un coin de terre neutre, profonde et surtout pas calcaire.

Quand et comment cultiver

Semez en place

Début avril, disposez les grosses graines de lupin (annuel ou vivace) par groupe de 3 à 5 dans des trous de 2 à 3 cm de profondeur, espacés de 30 cm. Recouvrez de terreau, tassez et arrosez en pluie fine. Maintenez humide jusqu'à l'apparition des premières feuilles 15 jours plus tard.

Éclaircissez

En mai, éliminez les jeunes lupins les plus faibles pour ne conserver qu'un plant par groupe. Vous pouvez aussi à cette même période vous procurer des lupins en godets ou en potées.

Hauteur : *45 cm à 1 m*
Distance de plantation : *30 cm*
Floraison : *mai à juin*
Arrosage :
Maladies et parasites : *oïdium*
Idées d'association : *chrysanthème, pavot, pied-d'alouette*

Entretenez

Dès la fin de la floraison, coupez la hampe florale des lupins vivaces pour éviter la formation des graines. Cela réduit la durée de vie de la plante.

Les variétés conseillées

Annuelles : 'Hartweg' (60 cm) coloris variés ; 'Sunrise' (1 m) bleu ciel ou doré.

Vivaces : 'Galaxie' (45 cm) blanc, rose, bleu ou rouge ; 'Gallery' (45 cm) blanc, bleu, jaune, rose ou rouge ; hybrides de Russel (1 m) blancs, jaunes, rouges, bleus ou roses.

Laissez mûrir les hampes florales des lupins annuels pour en récolter les graines afin de les semer le printemps suivant.

★ **Vivace**

Marguerite

Leucanthemum

Offrez à vos marguerites une place au soleil et à l'abri du vent pour les plus grandes. Elles apprécient les terrains neutres, voire calcaires, mais qui restent frais en été, sauf pour les variétés les plus précoces fleurissant en mai qui tolèrent les terres sèches en été.

Quand et comment cultiver

Plantez

En septembre-octobre ou en mars-avril, plantez les marguerites achetées en godets en les espaçant de 50 cm. Défaites les racines enroulées à la base de la motte. Jetez une poignée de terreau dans le trou de plantation, tassez et arrosez abondamment après la plantation, au goulot (arrosoir sans pomme).

Entretenez

Chaque printemps, en avril ou mai, étalez au pied des marguerites une bonne couche de terreau de feuilles (6 à 8 cm d'épaisseur).

Hauteur : *30 cm à 1 m*
Distance de plantation : *50 cm*
Floraison : *mai à août*
Arrosage :
Maladies et parasites : *aucun*
Idées d'association : *géranium, valériane, cosmos*

Les variétés conseillées

Toutes sont blanches à cœur jaune d'or : elles diffèrent par leur période de floraison et leur hauteur.

Plantez dans la touffe des branchages ramifiés, de noisetier par exemple, sur lesquels s'appuieront, à la floraison, les hautes tiges des marguerites.

Arrosez s'il fait très sec en été afin de prolonger la floraison.

Montbrétia

Crocosmia x crocosmiiflora

Le montbrétia aime les terres légères, bien drainées, ni trop sèches en été ni trop humides en hiver. Si, en plus, elles sont riches, il formera des touffes opulentes. Plantez-le au soleil ou sous une ombre légère. Jeune, il est sensible au froid, mais tolère des – 15 °C lorsqu'il est bien installé.

Hauteur : *50 à 60 cm*
Distance de plantation : *5 à 10 cm*
Floraison : *juillet à août*
Arrosage :

Maladies et parasites : *limaces*
Idées d'association : *pétunia, dahlia, géranium*

Quand et comment cultiver

Plantez

En mars ou avril, plantez les bulbes de montbrétia par groupe de 3, espacés de 5 cm, à 10-15 cm de profondeur, la pointe vers le haut. Recouvrez de terreau, tassez légèrement et arrosez au goulot (arrosoir sans pomme).

Arrosez régulièrement en été pour prolonger au maximum la floraison de vos montbrétias.

En mai ou juin, vous pouvez planter des sujets en godets possédant déjà des feuilles, dans des trous remplis de compost ; espacez-les alors de 10 cm.

Avant les premières gelées

Les variétés conseillées

'Emily McKenzie' orange vif; 'Gerbe d'Or' et 'Or du Rhin' jaune pur; 'James Coey' orange-écarlate.

Dans les régions aux hivers rudes, couvrez la base de la plante d'une couche épaisse (6 à 8 cm) de feuilles mortes après avoir coupé le feuillage jauni au ras du sol.

Vous pouvez également déterrer les bulbes lorsque le feuillage est fané et les conserver dans un endroit sec jusqu'au mois de mars.

Muflier

Antirrhinum

Bien que vivace, le muflier est souvent cultivé comme une fleur annuelle. Cette plante d'origine méditerranéenne se plaît dans les endroits bien ensoleillés, quelle que soit la nature du sol.

Hauteur : *30 cm à 1 m*
Distance de plantation : *20 à 40 cm*
Floraison : *juin à août*
Arrosage :
Maladies et parasites : *fonte des semis, mildiou, pourriture grise, rouille, verticilliose*
Idées d'association : *cléome, amarante, pétunia, œillet*

Quand et comment cultiver

Semez en caissette

En mars ou avril, répartissez les graines de façon homogène dans une caissette. Émiettez du terreau pour recouvrir à peine, tassez et arrosez en pluie fine. Placez au chaud (16 à 18 °C). Maintenez bien humide jusqu'à l'apparition des premières feuilles une bonne semaine plus tard.

Repiquez

Quand les jeunes mufliers ont 3 à 4 feuilles, arrachez-les délicatement et plantez-les dans des godets individuels que vous entreposerez dans un coin abrité du jardin (châssis ouvert).

Plantez

En mai, plantez les jeunes mufliers à leur place définitive, en les espaçant de 20 à 40 cm selon la hauteur de la variété. Arrosez abondamment après la plantation, au goulot (arrosoir sans pomme). Coupez quelques centimètres des extrémités des tiges. Vous pouvez également vous procurer des mufliers en godets, à planter à cette même période.

Arrosez s'il fait sec en été pour allonger la floraison, en veillant à ne pas mouiller le feuillage.

Entretenez

Coupez très régulièrement les fleurs fanées afin de prolonger la floraison.

Les variétés conseillées

Naines (30 à 40 cm) **:** 'Frosted Sunset' orange ; 'Jamaican Mist' rose, jaune, abricot, pêche ; 'Floral Showers' jaune et orange ; 'La Bella' blanc, lavande, rose, bronze, pourpre, jaune ou en mélange.

Grandes (60 cm à 1 m) **:** 'Braun-Blanquetti' jaune vif ; 'Madame Butterfly' en mélange ; 'Rocket' en mélange.

Muguet

Convallaria majalis

Le muguet préfère l'ombre, ou tout au moins la mi-ombre, et les sols riches et frais lors de sa floraison, au printemps, même s'ils sèchent en été. Il s'achète en pot ou en griffe, sorte de racine charnue portant un bourgeon pointu en forme de griffe de chien.

Quand et comment cultiver

Plantez

En septembre ou octobre, creusez des trous larges espacés de 15 cm. Étalez au fond les racines de la griffe, le bourgeon pointu vers le haut : il doit affleurer la surface. Recouvrez, tassez et arrosez.

En mai, quand le muguet du 1er mai, forcé en pot, est défleuri, dépotez-le et séparez à la main les différents pieds qui étaient dans le pot.

Hauteur : *15 à 30 cm*
Distance de plantation : *15 à 20 cm*
Floraison : *mai*
Arrosage : 
Maladies et parasites : *botrytis*
Idées d'association : *autres plantes de sous-bois, lamier, pervenche…*

Les variétés conseillées

'Grandiflora' et 'Prolificans' blancs ; 'Rosea' rose ; 'Rubra' pourpre rougeâtre ; 'Picta' blanc ponctué de rouge.

Plantez chaque pied séparément, en les regroupant au même endroit et en les espaçant de 15 à 20 cm, dans des trous remplis de terreau. Arrosez abondamment après la plantation, au goulot (arrosoir sans pomme).

Le muguet forcé planté au jardin refleurit rarement le printemps suivant. Il vous faudra attendre 2 ou 3 ans ses prochaines clochettes.

Myosotis

Myosotis sylvatica

Le myosotis apprécie les terres consistantes, humides en automne et au printemps. Il ne souffre pas de la sécheresse estivale, car il n'est pas présent à cette période dans les massifs. Au soleil ou sous une ombre légère, il fleurit généreusement et longtemps.

Quand et comment cultiver

Semez en caissette

En mai-juin, dans une caissette remplie de terreau pour semis, répartissez les graines en surface. Émiettez du terreau dessus, tassez et arrosez en pluie fine. Recouvrez d'une feuille de papier journal pendant 1 semaine. Maintenez bien humide jusqu'à l'apparition des premières feuilles 8 à 10 jours plus tard.

Éclaircissez

Un mois plus tard, éliminez les plants les plus faibles pour n'en conserver qu'un tous les 10 à 12 cm.

Hauteur : *20 cm*
Distance de plantation : *15 à 20 cm*
Floraison : *avril à juin*
Arrosage :
Maladies et parasites : *oïdium*
Idées d'association : *tulipe, giroflée, pensée*

Plantez

En septembre ou octobre, installez vos jeunes plants à leur place définitive en les espaçant de 15 à 20 cm.

En automne ou au printemps, vous pouvez également vous procurer des jeunes plants de myosotis en jardinerie, à planter immédiatement.

Les variétés conseillées

'Des Alpes Bleu' bleu ; 'Des Alpes Rose' rose ; 'Ultramarine' indigo ; 'Snowsylva' blanc pur.

Pour les endroits très humides : *M. palustris* bleu céleste.

Les myosotis se ressèment spontanément sur place. Après la floraison, laissez les fleurs se transformer en graines. Avant d'arracher les myosotis secs, secouez-les sur place pour que les graines se déposent. À l'automne, repérez ces jeunes plants spontanés.

Narcisse

Narcissus

La plupart des narcisses se contentent d'une terre de jardin ordinaire, sauf ceux à grosses fleurs qui seront plus à l'aise dans un sol enrichi de compost. Du soleil ou une ombre légère, peu leur importe. Ils peuvent rester en place de nombreuses années.

Hauteur : *30 à 50 cm*
Distance de plantation : *10 à 15 cm*
Floraison : *mars à mai*
Arrosage :

Maladies et parasites : *aucun*
Idées d'association : *myosotis, giroflée ravenelle, tulipe, primevère*

Quand et comment cultiver

Plantez

En septembre ou octobre, plantez les bulbes à 10-15 cm de profondeur, la pointe vers le haut, avec un plantoir à bulbe, dans un terrain ameubli ; groupez-les par 8 à 10, en les espaçant entre eux de 10 à 15 cm environ. Glissez une poignée de sable au fond du trou de plantation.

Si vous souhaitez en planter dans la pelouse, jetez-les par poignée et plantez-les là où ils tombent pour obtenir un effet naturel.

Entretenez

Après la floraison, coupez les fleurs fanées, mais laissez le feuillage intact.

Les variétés conseillées

Il existe de très nombreuses variétés de narcisses (dont les jonquilles font partie), communément partagées en deux groupes, les uniflores (une fleur par hampe) et les multiflores (plusieurs fleurs par hampe). Choisissez-les selon votre goût.

Arrosez régulièrement jusqu'au jaunissement du feuillage en ajoutant une fois par semaine de l'engrais spécial plantes fleuries dans l'eau. Coupez les feuilles au ras du sol quand elles ont jauni et séché.

Si vous souhaitez déplacer vos narcisses, arrachez-les quand le feuillage est sec durant l'été. Entreposez les bulbes au frais et à l'abri de la lumière pendant l'été. Vous les planterez à leur nouvelle place à l'automne.

Népéta

Nepeta

Tous les népétas ont un feuillage vert grisé, mais seul celui de *N. faassenii* persiste tout l'hiver s'il ne fait pas trop froid. Au soleil, et dans un endroit bien chaud, ils seront plus généreux en fleurs. La terre ordinaire de votre jardin leur suffira, mais ils détestent les sols détrempés.

Quand et comment cultiver

Plantez

En mars-avril, plantez les népétas achetés en godets en les espaçant de 30 cm. Tassez et arrosez abondamment juste après la plantation, au goulot (arrosoir sans pomme).

Entretenez

Coupez régulièrement les fleurs fanées au cours de l'été afin d'encourager de nouvelles éclosions.

Hauteur : *30 cm à 1 m*
Distance de plantation : *30 cm*
Floraison : *mai à octobre*
Arrosage :
Maladies et parasites : *aucun*
Idées d'association : *phlomis, penstémon, anaphalis*

Chaque début de printemps, coupez au ras du sol les restes de végétation des népétas à feuillage caduc et raccourcissez à 15-20 cm les tiges des sujets à feuillage persistant.

Les variétés conseillées

N. mussinii (30 cm) bleu clair; *N. sibirica* (1 m) bleu; 'Six Hills Giant' (50 cm) bleu lavande; 'Snowflake' (30 cm) blanc; 'Souvenir d'André Chaudron' (50 cm) bleu foncé.

Plantez les plus grands népétas parmi des arbustes ou d'autres plantes à tiges solides qui leur serviront de soutien. Ce sera plus naturel que tout autre système de tuteurage.

★★ Annuelle

Nigelle de Damas

Nigella damascena

Frugale, cette annuelle préfère les terres ordinaires et pas trop riches. Au soleil ou à mi-ombre, cela lui est égal. Ses fruits en ballon de rugby, tout gonflés, d'un vert très clair, sont aussi décoratifs que ses fleurs, bleues, roses ou blanches ; ils se conservent bien en bouquet sec.

Quand et comment cultiver

Semez en place

Entre septembre et octobre, ou au printemps, répartissez les graines de manière homogène là où vous souhaitez les voir fleurir. Recouvrez de terreau émietté, tassez et arrosez en pluie fine. Maintenez humide jusqu'à l'apparition des premières feuilles 15 jours plus tard.

Éclaircissez

Au printemps, quand les plantules démarrent leur croissance en flèche, éliminez les jeunes plants les plus faibles pour n'en garder qu'un tous les 15 cm.

Hauteur : *50 cm*
Distance de plantation : *15 cm*
Floraison : *juin à juillet*
Arrosage :
Maladies et parasites : *limaces*
Idées d'association : *pavot, pied-d'alouette, lavatère*

Entretenez

Chaque fin d'hiver (février), repérez les jeunes plants de nigelle issus de semis spontanés (c'est fréquent) et déplacez-les là où vous souhaitez les voir fleurir. Arrachez-les avec une bonne motte de terre : ils reprendront mieux.

Les variétés conseillées

La nigelle de Damas existe en bleu azur, bleu foncé ('Miss Jekyll'), blanc et rose.

Après la floraison, ne coupez pas les fleurs fanées afin de laisser leurs fruits décoratifs se former.

Œillet

Dianthus

Il existe des œillets vivaces (œillet mignardise, *D. plumarius*), bisannuels (œillet des poètes, *D. barbatus*) et annuels (œillet de Chine, *D. chinensis* ; œillet des fleuristes, *D. caryophyllus*). Tous aiment le soleil, la chaleur et les terrains calcaires, bien drainés, pas trop humides en hiver.

Hauteur : *30 à 80 cm*

Distance de plantation : *15 à 30 cm*

Floraison : *mai à septembre*

Arrosage :

Maladies et parasites : *pucerons, oïdium, rouille*

Idées d'association : *gypsophile, potentille, lin, campanule, armoise, santoline*

Quand et comment cultiver

Semez en caissette

En mars, dans une caissette remplie de terreau pour semis, répartissez les graines d'œillet annuel, recouvrez d'un peu de terreau émietté, tassez et arrosez en pluie fine. Maintenez humide à 16 °C environ jusqu'à l'apparition des premières feuilles 1 semaine plus tard.

Semez en pépinière

Entre juin et juillet, dans un coin de la pépinière bien affiné, répartissez les graines d'œillet vivace ou bisannuel, de la façon la plus homogène possible. Émiettez du terreau dessus pour couvrir, tassez et arrosez en pluie fine. Maintenez humide jusqu'à l'apparition des premières feuilles 1 semaine plus tard.

Éclaircissez

Un mois et demi plus tard, quand les jeunes plants ont 3 à 4 feuilles, éliminez si nécessaire ceux en surnombre pour n'en garder qu'un tous les 5 cm.

Les variétés conseillées

Elles sont nombreuses, déclinant toute la gamme des roses, du blanc au rouge. Les œillets mignardises sont les plus parfumés.

Plantez

En mai (œillets annuels), dans le courant de l'automne (œillets bisannuels) ou au printemps suivant (œillets vivaces), plantez les jeunes œillets à leur emplacement définitif en les espaçant de 15 à 30 cm selon la hauteur de la variété choisie.

Vous pouvez également acheter des œillets en godets, à planter aux mêmes périodes suivant les variétés choisies.

Entretenez

En fin de floraison, coupez les tiges des fleurs fanées quelques centimètres audessus du sol.

Après la floraison, arrachez les œillets annuels : ils ne refleuriront pas l'année suivante.

★ Annuelle

Œillet d'Inde, Rose d'Inde

Tagetes patula, T. erecta

Chez ces plantes, c'est le feuillage qui est parfumé et non les fleurs. Pour fleurir abondamment, rose d'Inde et œillet d'Inde ont besoin tous deux de soleil, de chaleur et d'un terrain fertile, pas trop sec en été.

Quand et comment cultiver

Semez en caissette

En avril, dans une caissette remplie de terreau spécial semis, répartissez les graines en surface, tous les 3 à 5 cm, et recouvrez en émiettant du terreau. Tassez et arrosez en pluie fine. Maintenez bien humide et au chaud (15 à 18 °C) jusqu'à l'apparition des premières feuilles 3 semaines plus tard.

Il est possible de semer directement en place, mais pas avant mai. La floraison est alors plus tardive (après la mi-juillet).

Plantez

Entre mai et juin, installez vos plants à leur place définitive. Arrosez abondamment après la plantation, au goulot (arrosoir sans pomme).
Vous en trouverez à la même époque en godets dans les jardineries, à planter immédiatement.

Supprimez les fleurs des plants déjà épanouis que vous achetez en godets. Ils s'enracineront mieux après la plantation.

Hauteur : *20 à 45 cm*
Distance de plantation : *10 à 30 cm*
Floraison : *mai à octobre*
Arrosage :
Maladies et parasites : *aucun*
Idées d'association : Cosmos sulphureus, *coréopsis, tabac, pétunia*

Entretenez

Durant l'été, ôtez les fleurs fanées des œillets d'Inde à fleurs doubles et des roses d'Inde. Les variétés à fleurs simples n'en ont pas besoin.

Les variétés conseillées

Il existe de nombreuses variétés orange, brun-pourpre ou jaunes, de qualité identique. Choisissez selon votre goût, sans autre critère.

Arrosez s'il fait vraiment trop sec avant que les plantes ne s'affaissent, signe d'un arrêt de la floraison.

Après les premières gelées, arrachez les plantes et jetez-les.

★★ Annuelle, vivace

Ostéospermum, Dimorphothéca

Osteospermum, Dimorphotheca

Les dimorphothécas sont annuels et les ostéospermums vivaces, mais non rustiques, si bien que tous sont cultivés comme des fleurs annuelles sauf dans les régions à climat doux (Midi et façade atlantique). Ils apprécient le soleil, même écrasant, et les sols légers.

Quand et comment cultiver

Semez en caissette

En mars, dans une caissette remplie de terreau spécial semis, répartissez les graines en ligne, espacées de 5 cm, et recouvrez-les avec 1 cm du même terreau. Tassez et arrosez en pluie fine. Maintenez bien humide, à la lumière et au chaud (20 °C) jusqu'à l'apparition des premières feuilles 10 jours plus tard.

Semez en place

En mai, disposez les graines là où vous souhaitez les voir fleurir, espacées de 5 cm, en sillons profonds de 1 cm. Refermez avec du terreau pour semis ou du sable et maintenez humide jusqu'à l'apparition des premières feuilles une dizaine de jours plus tard.

Hauteur : *30 à 70 cm*
Distance de plantation : *20 cm*
Floraison : *juin à septembre*
Arrosage :

Maladies et parasites : *oïdium*
Idées d'association : *gazania, verveine, sauge*

Éclaircissez

Un mois plus tard, éliminez les plants les plus faibles du semis en place pour n'en conserver qu'un tous les 20 cm.

Les variétés conseillées

Dimorphothéca : *D. aurantiaca* (30 cm) jaune orange doré ; 'Spring Flash' (30 cm) jaune ou orange.

Ostéospermum : *O. ecklonis* 'Glacial' (70 cm) mélange de blanc, bleu et violet ; 'Passion' (40 cm) mélange de blanc, violet et bleu ; 'Whirligig' (60 cm) blanc et bleu métallique.

Plantez

Courant mai, installez vos jeunes plants semés en caissette à leur place définitive en les espaçant de 20 cm. Arrosez abondamment après la plantation, au goulot (arrosoir sans pomme). Vous trouverez à la même époque des plants en godets dans les jardineries, à mettre en place au même moment.

Les plants que vous achèterez seront fleuris. Coupez leurs fleurs et leurs boutons à la plantation afin de favoriser un bon enracinement.

Entretenez

Durant l'été, éliminez régulièrement les fleurs fanées et, surtout pour les sujets en pots, arrosez une fois par semaine avec de l'engrais spécial plantes fleuries dilué dans l'eau d'arrosage.

Après les premières gelées, arrachez les plantes et jetez-les.

Pâquerette

Bellis perennis

La pâquerette est plutôt frugale : un peu de soleil et une terre ordinaire lui suffisent pour fleurir généreusement. Une fois installée, elle peut rester en place plusieurs années et s'étalera tous les ans davantage.

Quand et comment cultiver

Semez en caissette

En mai ou juin, dans une caissette remplie de terreau pour semis, répartissez les graines en surface. Tassez et arrosez en pluie fine.
Maintenez bien humide jusqu'à l'apparition des premières feuilles 1 semaine plus tard.

Mélangez les graines de pâquerette, très fines, à du sable pour les manipuler plus aisément lors du semis.

Repiquez

Un mois plus tard, arrachez délicatement les jeunes plants et plantez-les en pépinière, espacés de 5 cm.

Hauteur : *10 à 15 cm*
Distance de plantation : *10 cm*
Floraison : *mars à juin*
Arrosage :
Maladies et parasites : *pucerons*
Idées d'association : *pensée, myosotis, tulipe*

Plantez

En septembre ou octobre, installez vos jeunes plants à leur place définitive en les espaçant de 10 cm.
Vous pouvez également vous en procurer en jardinerie, à planter à cette même période ou au début du printemps.

Les variétés conseillées

'Pomponnette' double, rose; 'Radar' blanc et rouge; 'Galaxie Mix' mélange de blanc, rose et rouge.

Entretenez

Au printemps, éliminez régulièrement les fleurs fanées afin de prolonger la floraison.

★★

Vivace, annuelle

Pavot

Papaver

Il existe des pavots vivaces *(P. orientale)*, qui refleuriront au même endroit plusieurs années de suite, et des pavots annuels *(P. somniferum)* qu'il faut semer tous les ans. Tous apprécient le soleil et préfèrent les sols riches et profonds.

Hauteur : *30 cm à 1,50 m*

Distance de plantation : *20 à 30 cm*

Floraison : *juin à juillet*

Arrosage :

Maladies et parasites : *aucun*

Idées d'association : *anaphalis, gypsophile, népéta, armoise*

Quand et comment cultiver le pavot annuel

Semez en place

D'avril à juin, répartissez les graines là où vous souhaitez les voir fleurir, de façon homogène et le plus espacées possible. Ratissez pour recouvrir, tassez et arrosez en pluie fine.
Maintenez humide jusqu'à l'apparition des premières feuilles une dizaine de jours plus tard.

Éclaircissez

Trois semaines plus tard, éliminez les jeunes plants les plus faibles pour n'en garder qu'un tous les 20 cm.

Les variétés conseillées

Annuelles : 'Wonderland' (30 cm) blanc, orange, jaune, rose ou en mélange ; 'Gartenzwerg' (30 cm) blanc, jaune, orange, écarlate ; 'Summer Breeze' (40 à 50 cm) blanc, jaune, orange ; 'Illumination' (40 à 50 cm) en mélange orange, jaune, rose, blanc ; 'Pizzicato' (40 à 50 cm) rouge, rose, saumon.

Vivaces : 'Matador' (50 cm), 'Allegro' (50 cm) et 'Bonfire' (50 cm) rouges ; 'Catharina', 'Corinna' et 'Juliane' (40 à 50 cm) rose clair ; 'Perry's White' (80 cm) blanc ; 'Wunderkind' (80 cm) rose ; 'May Queen' (80 cm) orange.

Après les premières gelées, arrachez et jetez les pavots annuels.

Quand et comment cultiver le pavot vivace

Semez en pépinière

Entre juin et juillet, dans un coin de la pépinière bien affiné, répartissez vos graines à la volée de la façon la plus homogène possible. Ratissez pour couvrir, tassez et arrosez en pluie fine.
Maintenez humide jusqu'à l'apparition des premières feuilles une dizaine de jours plus tard.

Éclaircissez

Trois semaines à 1 mois plus tard, éliminez les jeunes plants les plus faibles pour n'en garder qu'un tous les 10 cm.

Plantez

En septembre-octobre ou en février-mars, plantez les jeunes pavots à leur emplacement définitif en les espaçant de 30 cm.

Au printemps, vous pouvez également acheter des jeunes pavots en godets, à planter immédiatement dans de larges trous remplis de terreau.

Entretenez

En juillet, après la floraison, coupez la plante à 10 cm du sol afin de l'encourager à produire un nouveau feuillage plus vigoureux.

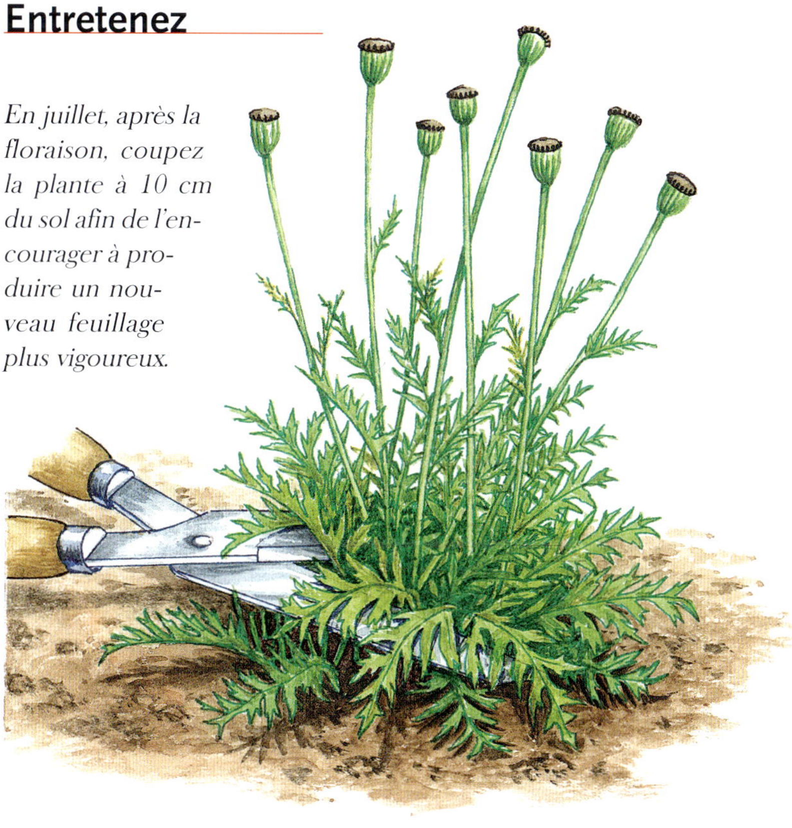

★★ Annuelle

Pavot de Californie

Eschscholzia californica

Malgré son nom, le pavot de Californie n'appartient pas du tout à la même famille que les pavots d'Orient, d'Islande et autres... Il s'adapte à toutes les situations, mais préfère la chaleur et le soleil. Il apprécie les sols sableux et légers.

Quand et comment cultiver

Semez en place

En avril ou mai, semez les graines à la volée là où vous souhaitez les voir germer. Recouvrez d'une fine couche de terreau et arrosez en pluie fine mais sans excès : les pavots de Californie n'aiment pas l'humidité excessive.

Semez les pavots de Californie par vagues successives espacées de 15 jours environ. Ainsi ils fleuriront de façon échelonnée et vous aurez des fleurs plus longtemps.

Éclaircissez

Quinze à 20 jours plus tard, éliminez les plants les plus faibles pour n'en conserver qu'un tous les 10 à 15 cm.

Hauteur : *40 cm*
Distance de plantation : *10 à 15 cm*
Floraison : *juin à septembre*
Arrosage :

Maladies et parasites : *pucerons*
Idées d'association : *pavot*

Après les premières gelées

Arrachez tout et jetez. Repérez au pied d'éventuels jeunes plants qui se seraient semés spontanément. Repiquez-les en pépinière et mettez-les en place au printemps suivant.

Les variétés conseillées

'Ballerine' en mélange du blanc au rouge; 'Purple Gleam' lilas-pourpre; 'Buttermilk' blanc-crème; 'Apricot Flambeau' orange; 'Dalli' rouge écarlate.

★★

Pélargonium

Pelargonium

Bien que vivace, le pélargonium n'est pas rustique : soit on le cultive comme une annuelle et on le jette après les premières gelées, soit on lui fait passer l'hiver dans un local hors gel et éclairé. Il aime le soleil et les terres riches.

Quand et comment cultiver

Semez en caissette

En janvier, dans une caissette remplie de terreau spécial semis, répartissez les graines en surface. Recouvrez-les de 1 cm du même terreau. Tassez et arrosez en pluie fine.

Maintenez bien humide et au chaud (20 °C) jusqu'à l'apparition des premières feuilles une quinzaine de jours plus tard.

Repiquez

De fin février à début mars, arrachez délicatement les jeunes pélargoniums et plantez-les dans des godets remplis de terreau ordinaire. Maintenez toujours au chaud dans un endroit très lumineux.

Hauteur : *30 à 50 cm*
Distance de plantation : *20 à 30 cm*
Floraison : *juin à octobre*
Arrosage :

Maladies et parasites : *oïdium*
Idées d'association : *pétunia, dahlia, verveine, calcéolaire*

Plantez

Courant mai, plantez vos pélargoniums à leur place définitive en les espaçant de 20 à 30 cm. Arrosez abondamment après la plantation, au goulot (arrosoir sans pomme). Coupez l'extrémité de la tige de quelques centimètres. Vous trouverez à la même époque des plants en godets dans les jardineries, à mettre en place au même moment.

Les variétés conseillées

De couleur blanche, rose, rouge ou saumonée, les variétés sont innombrables dans les deux classifications : le pélargonium droit ou zonal, de 30 à 50 cm de haut, et le pélargonium retombant ou lierre, de 20 cm de haut.

Les plants que vous achèterez seront fleuris. Coupez leurs fleurs et leurs boutons à la plantation afin de favoriser un bon enracinement.

Entretenez

Durant l'été, éliminez régulièrement les fleurs fanées et, surtout pour les pélargoniums en pots, arrosez une fois par semaine avec de l'engrais spécial plantes fleuries dilué dans l'eau d'arrosage.

Avant les premières gelées

En octobre, arrachez, avec une motte de terre autour des racines, les pélargoniums cultivés en pleine terre pour les rempoter dans un pot. Rentrez-les, ainsi que les sujets déjà cultivés en pots, dans un local hors gel, bien éclairé.

Pensez à arroser vos pélargoniums une fois par mois en hiver.

★★

Bisannuelle

Pensée

Viola tricolor et hybrides

Si elle ne souffre pas de la soif, la pensée peut fleurir au-delà de la mi-juillet. Elle se contente de n'importe quelle terre de jardin pourvu qu'elle soit au soleil. Si vous ajoutez un peu de terreau à la plantation, surtout au printemps, elle sera plus vigoureuse.

Quand et comment cultiver

Semez en pépinière

En juillet, dans un endroit ombragé, à la terre bien ameublie, répartissez les graines dans des sillons peu profonds (environ 1 cm de profondeur). Refermez les sillons avec du terreau spécial semis, tassez et arrosez en pluie fine. Maintenez bien humide jusqu'à l'apparition des premières feuilles 8 à 10 jours plus tard.

Éclaircissez

Trois semaines plus tard, éliminez les plants les plus faibles pour n'en conserver qu'un tous les 6 à 8 cm.

Hauteur : *20 cm*
Distance de plantation : *15 à 20 cm*
Floraison : *mars à mai*
Arrosage : 💧💧
Maladies et parasites : *pucerons*
Idées d'association : *pâquerette, myosotis, tulipe*

Plantez

En septembre ou octobre, mettez vos jeunes plants à leur place définitive en les espaçant de 15 à 20 cm.
Vous pouvez également vous en procurer en jardinerie, à planter à cette même période ou au printemps.

Arrosez régulièrement en été les jeunes plants pour leur assurer une bonne vigueur en automne à la plantation.

Entretenez

À partir de la mi-mai, au jardin comme en jardinière, arrosez régulièrement en ajoutant de l'engrais spécial géraniums dans l'eau d'arrosage afin de prolonger la floraison. Coupez également les fleurs fanées.

Les variétés conseillées

Il existe de nombreuses variétés aux couleurs et aux formes de fleurs diverses qui ont toutes des qualités similaires. Choisissez-les en fonction de votre goût.

Penstémon

Penstemon hybrides

On l'appelle aussi galane. Le penstémon a besoin d'un sol riche, perméable, pas humide en hiver mais frais en été. Plantez-le au soleil. Dans les régions aux hivers peu rigoureux, il conserve son feuillage toute l'année.

Hauteur : *50 à 80 cm*
Distance de plantation : *30 cm*
Floraison : *juin à septembre*
Arrosage :
Maladies et parasites : *limaces*
Idées d'association : *calcéolaire, dahlia, sauge, géranium, coréopsis, phlox*

Quand et comment cultiver

Semez en pépinière

Entre juin et août, répartissez les graines en pépinière de façon homogène. Recouvrez de terreau émietté, tassez et arrosez en pluie fine.
Maintenez humide jusqu'à l'apparition des premières feuilles une quinzaine de jours plus tard.

Plantez

En mars ou avril, plantez les penstémons, semés l'été précédent ou achetés en godets, en les espaçant de 30 cm. Tassez et arrosez abondamment juste après la plantation, au goulot (arrosoir sans pomme).

Entretenez

Durant tout l'été, coupez les fleurs fanées afin d'encourager de nouvelles éclosions.

Chaque printemps, en mars, coupez au ras du sol les restes de végétation. Étalez au pied des plantes une pelletée de compost et incorporez-la à la terre avec une griffe.

Avant les premières gelées

Couvrez de feuilles mortes, sur 6 à 8 cm d'épaisseur, la base des tiges de penstémons et laissez les restes de végétation en place (ils protègent la plante du froid).

Les variétés conseillées

'Le Phare' (50 à 60 cm) rouge vif; 'Midnight' (50 à 60 cm) rouge; 'Navigator' (50 à 60 cm) mélange de blanc, rose, rouge, violet; 'Sour Grapes' (60 à 80 cm) bleu violacé; 'White Bedder' (60 à 80 cm) blanc.

Arrosez en été s'il fait sec pour maintenir une floraison abondante.

Perce-neige

Galanthus nivalis

Le perce-neige apprécie les situations bien ensoleillées ou légèrement ombragées au pied d'un arbre à feuillage caduc.
Il se contente d'une terre riche, restant humide même en été.
Il se naturalise facilement là où il se plaît et forme des touffes de plus en plus larges d'année en année.

Hauteur : *15 cm*
Distance de plantation : *5 cm*
Floraison : *février à mars*
Arrosage :

Maladies et parasites : *limaces*
Idées d'association : *crocus, scille*

Quand et comment cultiver

Plantez

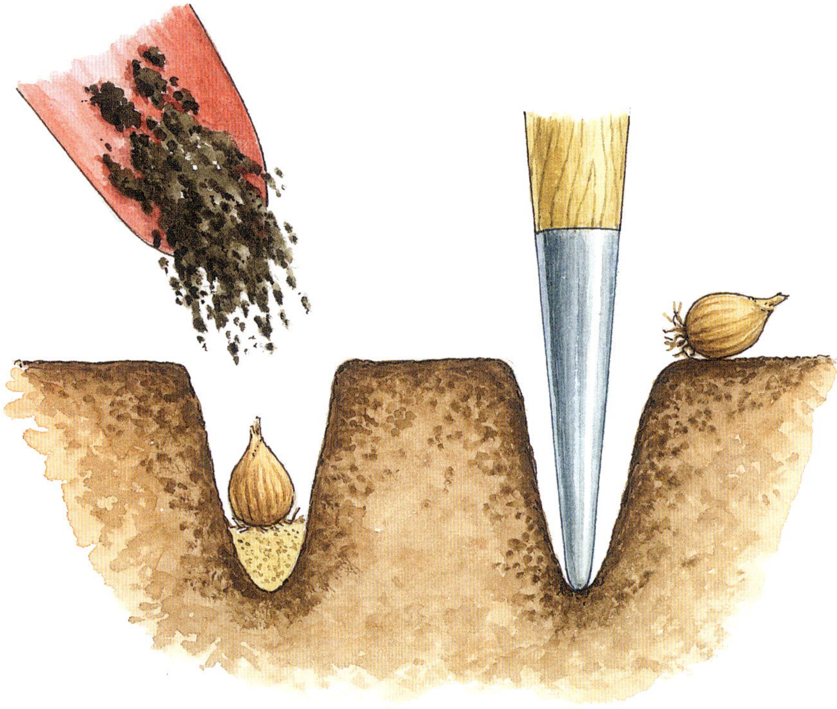

En septembre, plantez les perce-neige dans un terrain ameubli, à 5-10 cm de profondeur, la pointe vers le haut. Utilisez un plantoir pointu et espacez-les de 5 cm. Glissez une poignée de sable au fond du trou de plantation et comblez avec un mélange de terre de jardin et de terreau, à parts égales.

Entretenez

Tous les 5 à 6 ans, quand les touffes ont pris trop ampleur, juste après la floraison (quand le feuillage est encore vert), déterrez-les délicatement et séparez les bulbes à la main. Plantez-les immédiatement en les espaçant de 5 cm.

Les variétés conseillées

Il existe des variétés à fleurs simples très proches de la variété classique et une variété à fleurs doubles, 'Flore Pleno'.

Plantez les perce-neige en groupe de 6 à 8 bulbes pour obtenir un effet spectaculaire.

★★★ Annuelle

Pétunia

Petunia

Le pétunia aime le soleil et la chaleur mais pas la sécheresse : un sol riche et toujours légèrement humide en été lui est indispensable. Depuis quelques années, la famille s'agrandit : formes retombantes (Surfinia, 'Tumbellina'...), petites fleurs *(P. milliflora)*, fleurs en clochette ('Millions Bells'), etc.

Quand et comment cultiver

Semez en caissette

En mars, dans une caissette remplie de terreau spécial semis, répartissez les graines en surface sans les recouvrir. Tassez et arrosez en pluie fine. Maintenez bien humide, à la lumière et au chaud (20 °C) jusqu'à l'apparition des premières feuilles 1 semaine plus tard.

Les graines étant très fines (comme de la poussière), mélangez-les avec du sable pour faciliter le semis.

Hauteur : *20 à 50 cm*
Distance de plantation : *20 cm*
Floraison : *mai à octobre*
Arrosage : 💧💧💧
Maladies et parasites : *pucerons, virus, pourritures*
Idées d'association : *dahlia, géranium, sauge, calcéolaire, verveine*

Repiquez

En avril, lorsque les jeunes pétunias ont 2 à 3 feuilles, arrachez-les délicatement et plantez-les dans des godets remplis de terreau ordinaire. Maintenez-les toujours au chaud dans un endroit très lumineux. Habituez-les au plein air progressivement en les sortant aux heures chaudes de la journée.

Plantez

Courant mai, plantez vos pétunias à leur place définitive en les espaçant de 20 cm. Arrosez abondamment après la plantation, au goulot (arrosoir sans pomme). Coupez l'extrémité de la tige de quelques centimètres.

Vous trouverez à la même époque des plants en godets dans les jardineries, à mettre en place au même moment.

Les variétés conseillées

Il existe de nombreuses variétés aux qualités équivalentes, à choisir selon votre goût. Certaines variétés comme les surfinias ne sont disponibles qu'en plants et non en graines.

Les plants que vous achèterez seront fleuris. Coupez leurs fleurs et leurs boutons à la plantation afin de favoriser un bon enracinement.

Entretenez

Durant l'été, éliminez régulièrement les fleurs fanées et, surtout pour les pétunias en pots, arrosez une fois par semaine avec de l'engrais spécial plantes fleuries dilué dans l'eau d'arrosage.

Après les premières gelées, arrachez les plantes et jetez-les.

★ Vivace, annuelle

Phlox

Phlox

Les phlox sont vivaces (floraison printanière ou estivale) ou annuels, et alors appelés « phlox de Drummond » (floraison estivale). Tous aiment le soleil. Ils apprécient une bonne terre de jardin, assez riche et surtout toujours un peu humide en été.

Quand et comment cultiver

Semez en place

Entre mars et avril, répartissez les graines de phlox annuels là où vous souhaitez les voir fleurir de façon homogène. Recouvrez d'une couche de terreau émietté, tassez et arrosez en pluie fine.
Maintenez humide jusqu'à l'apparition des premières feuilles une dizaine de jours plus tard.

Éclaircissez

Trois semaines plus tard, éliminez les jeunes plants les plus faibles pour n'en garder qu'un tous les 20 cm.

Hauteur : *10 cm à 1 m*
Distance de plantation : *20 à 30 cm*
Floraison : *avril à septembre*
Arrosage :
Maladies et parasites : *limaces, escargots*
Idées d'association : *plantes rampantes (phlox vivaces), ou canna, dahlia, calcéolaire, verveine (phlox annuels)*

Plantez

Entre septembre et octobre (phlox vivaces à floraison printanière) ou entre mars et avril (phlox à floraison estivale, vivaces ou annuels), installez les jeunes plants achetés en godets dans des trous remplis de compost. Espacez-les de 30 cm.

Les variétés conseillées

Annuelles (phlox de Drummond) **:** 'Dolly', 'Century', 'Button', 'Beauty' (15 à 25 cm) en mélange de blanc, rose, rouge ; 'African Sunset' (15 à 25 cm) rouge orangé brillant ; 'Ethnie' (15 à 25 cm) rose.

Vivaces : *P. adsurgens* 'Wagon Wheels' (10 à 20 cm) rose saumoné ; *P. carolina* 'Bill Baker' (10 à 20 cm) rose soutenu ; 'Chattahoochee' (10 à 20 cm) mauve ; *P. paniculata* 'Amethyst' (80 cm à 1 m) bleu, 'Blue Boy' (80 cm à 1 m) mauve, 'Eva Cullum' (80 cm à 1 m) rose.

Tuteurez les grands phlox le plus discrètement possible dès qu'ils atteignent 50 cm, avec des tuteurs en cercle par exemple.

Entretenez

Tous les ans, en juin, lorsque les tiges des grands phlox atteignent 40 à 50 cm, raccourcissez-les de la moitié de leur hauteur.

Arrosez s'il fait sec en été et répandez au pied des plantes des tontes de gazon sèches dès le mois de mai pour conserver au sol sa fraîcheur.

Après les premières gelées

En novembre, quand la végétation est noircie par les premiers froids, coupez les phlox vivaces à quelques centimètres du sol. Arrachez et jetez les phlox annuels. Les phlox à floraison printanière se taillent de la même façon, juste après leur floraison.

★★

Vivace, annuelle

Pied-d'alouette

Delphinium

Les pieds-d'alouette sont vivaces ou annuels, mais tous fleurissent en même temps. Ils aiment le soleil et la chaleur. Si les annuels se contentent des terres ordinaires, les vivaces préfèrent les sols riches, bien drainés et frais en été.

Quand et comment cultiver

Semez en place

En mars-avril, répartissez de façon homogène les graines de pieds-d'alouette annuels là où vous souhaitez les voir fleurir. Recouvrez de terreau émietté, tassez et arrosez en pluie fine. Maintenez humide jusqu'à l'apparition des premières feuilles une vingtaine de jours plus tard.

Éclaircissez

Un bon mois plus tard, éliminez les jeunes plants les plus faibles pour n'en garder qu'un tous les 20 cm.

Hauteur : *40 cm à 2 m*
Distance de plantation : *20 à 30 cm*
Floraison : *juin à juillet*
Arrosage :
Maladies et parasites : *limaces, escargots*
Idées d'association : *pétunia, dahlia, géranium, campanule*

Plantez

Entre septembre et octobre ou entre mars et avril (pieds-d'alouette vivaces), plantez les jeunes pieds-d'alouette achetés en godets en les espaçant de 20 à 30 cm, selon la taille de la variété choisie.

Les variétés conseillées

Annuelles (1,25 m) **:** 'Impérial' blanc, bleu, carmin, écarlate, mauve, rose, saumon ou en mélange ; 'Belladona' blanc ou bleu ; 'Kingsize Scarlet' rouge ; 'Sublime' en mélange.

Vivaces : *D. grandiflorum* (40 cm) bleu gentiane ; 'Laurin' (40 cm) écarlate-orange ; 'Magic Fountains' (60 cm) blanc, bleu, cerise, rose ou en mélange ; *D. cardinale* 'Beverly Hills' (1,20 m) écarlate, saumon, jaune ; 'New Century' (1,50 m) blanc, bleu, rose ; 'Géant Pacific' (1,70 m) rose, bleu, violet.

Entretenez

Au printemps, lorsque les delphiniums ont entre 30 et 40 cm de haut, placez autour des touffes un tuteur muni d'un cercle, arrivant, dans un premier temps, à la hauteur du sommet des tiges. Montez-le au fur et à mesure de la croissance, jusqu'à 60 cm de haut.

Protégez les jeunes delphiniums des limaces. Elles sont capables de les dévorer entièrement.

Après la floraison en juillet, coupez les pieds-d'alouette vivaces à quelques centimètres du sol. Arrachez les annuels.

Arrosez régulièrement tout l'été. On observe parfois une nouvelle floraison en septembre après la coupe de juillet.

★★★

Pivoine

Paeonia lactiflora

La pivoine ne fleurira abondamment qu'au soleil, mais redoute ses rayons écrasants de midi. Plantez-la dans une terre riche qui ne sèche pas trop en été, à l'abri du vent de préférence pour que ses fleurs durent longtemps.

Quand et comment cultiver

Plantez

En septembre ou octobre, creusez un trou de 40 à 50 cm de côté. Mélangez à la terre extraite autant de compost et ajustez la profondeur avec ce mélange afin que les bourgeons de votre pivoine achetée à racines nues (grosses racines charnues avec des bourgeons) soient à peine recouverts de terre. Comblez avec le même mélange et arrosez abondamment.

Au moment de la floraison, au printemps, vous pouvez également acquérir des pivoines en conteneurs, en fleur, à planter immédiatement.

Hauteur : *60 cm à 1 m*
Distance de plantation : *80 cm*
Floraison : *mai à juin*
Arrosage :

Maladies et parasites : *limaces*
Idées d'association : *avec des arbustes (cognassier du Japon, kerria, kolkwitzia...)*

Entretenez

Coupez les tiges des fleurs fanées juste au-dessus de la feuille la plus haute portée par cette tige.

Après la floraison, étalez à la base des plantes une couche épaisse de 6 à 8 cm de tontes de gazon sèches ou de tout autre matériau de paillage. Arrosez régulièrement en été, au pied.

Les variétés conseillées

Il existe un très grand nombre de variétés de couleurs diverses, parfumées ou non, simples ou doubles. Laissez-vous guider par vos goûts.

Après les premières gelées

Coupez les feuilles au ras du sol dès que le froid les a couchées et étalez sur la souche une bonne couche de compost décomposé.

★★

Annuelle, vivace

Pois de senteur

Lathyrus

Il existe des pois annuels, parfumés – les véritables pois de senteur *(L. odoratus)* – et des pois vivaces *(L. latifolius)*, inodores. Les deux types ont des fleurs assez semblables et aiment le soleil. Si les pois vivaces sont capables de pousser même sur des talus secs et ingrats, les pois annuels ont besoin d'un sol riche et frais en été.

Hauteur : *20 cm à 2,40 m*
Distance de plantation : *40 cm*
Floraison : *mai à septembre*
Arrosage :
Maladies et parasites : *pucerons, limaces, oiseaux, fusariose, mildiou, oïdium*
Idées d'association : *en massif pour les variétés naines*

Quand et comment cultiver

Semez en place

Entre la mi-avril et mai, semez directement dans les massifs les graines de pois annuel par groupe de 3, dans des trous peu profonds, espacés de 40 cm. Tassez et arrosez en pluie fine. Maintenez humide jusqu'à l'apparition des premières feuilles 10 jours plus tard.

Éclaircissez

Trois semaines plus tard environ, éliminez les jeunes plants les plus faibles pour n'en conserver qu'un par groupe. C'est le moment de mettre en place le support sur lequel ils vont grimper (tuteurs en tipi, grillage, treillages divers).

Plantez

Au printemps, plantez les pois vivaces achetés en godets et installez leur support immédiatement.

Les variétés conseillées

Annuelles : 'Cupid' (60 cm) rose vif ; 'Chatsworth' (1,80 m) bleu ; 'Fantasia' (20 cm) en mélange rouge, violet, rose ; 'Mammouth' (1,80 m) blanc, bleu, lavande, rose, saumon ou en mélange.

Vivaces : pois de senteur rose ou blanc.

Entretenez

Dès que les pois ont une dizaine de centimètres de haut, guidez-les vers leur support. Ensuite ils s'y accrocheront d'eux-mêmes avec leurs vrilles.
Coupez régulièrement les fleurs fanées avant qu'elles ne forment des gousses, sinon la floraison s'arrêtera.

Arrosez régulièrement tout l'été, sinon la floraison cessera et les feuilles seront tachées d'oïdium.

Après les premières gelées

Arrachez et jetez (pas sur le compost) ou brûlez les restes de végétation des pois annuels. Coupez au ras du sol les pois vivaces.

★★

Primevère

Primula vulgaris, P. auricula

La primevère des jardins *(P. vulgaris)* préfère les situations fraîches, sous une ombre légère, et les sols frais et riches. La primevère auricule *(P. auricula)* apprécie le soleil et les sols bien drainés. Elle ne sera que peu vivace dans les terres humides en hiver.

Quand et comment cultiver

Semez en pépinière

En juillet, répartissez les graines à la volée dans un coin de la pépinière. Émiettez du terreau pour recouvrir, tassez et arrosez en pluie fine. Maintenez bien humide jusqu'à l'apparition des premières feuilles 15 jours plus tard.

Repiquez

Au cours du mois d'août, arrachez délicatement les jeunes plantes et plantez-les dans des godets individuels remplis de terreau ordinaire.

Hauteur : *15 à 25 cm*
Distance de plantation : *20 cm*
Floraison : *février à avril*
Arrosage :

Maladies et parasites : *limaces*
Idées d'association : *pensée, tulipe, érysimum*

Plantez

En septembre ou octobre, plantez les jeunes primevères à leur place définitive en jardinières ou dans les massifs en les espaçant de 20 cm. Arrosez abondamment après la plantation, au goulot (arrosoir sans pomme).
À la même époque ou au printemps, vous pouvez également vous procurer des primevères en godets, à planter immédiatement.

Les variétés conseillées

Choisissez la couleur qui vous plaît parmi les innombrables variétés du genre.

Arrosez après la plantation jusqu'à l'apparition de nouvelles feuilles. Ensuite la primevère se débrouille seule, sauf en cas de grande sécheresse ou si elle est plantée en jardinière (arrosages réguliers obligatoires !).

★★ Annuelle

Reine-marguerite

Callistephus chinensis

La reine-marguerite a besoin de chaleur et de soleil pour fleurir abondamment, mais elle supporte mal la sécheresse. Une terre fraîche en été, riche de surcroît, sera nécessaire pour son épanouissement.

Quand et comment cultiver

Semez en caissette

En avril, dans une caissette remplie de terreau spécial semis, répartissez les graines en surface. Recouvrez en émiettant le même terreau. Tassez et arrosez en pluie fine.
Maintenez bien humide et au chaud (15 à 18 °C) jusqu'à l'apparition des premières feuilles une dizaine de jours plus tard.

Repiquez

Quand les jeunes plants ont 3 à 4 feuilles, un bon mois plus tard, arrachez délicatement les reines-marguerites et plantez-les de nouveau en caissette (remplie de terreau ordinaire), en les espaçant de 10 cm.

Hauteur : *20 à 80 cm*
Distance de plantation : *20 à 30 cm*
Floraison : *juin à octobre*
Arrosage :

Maladies et parasites : *fonte des semis, mosaïque du concombre, pourriture du collet, fusariose, pucerons, chenilles*
Idées d'association : *pétunia, dahlia, géranium*

Plantez

Courant mai, plantez vos reines-marguerites à leur place définitive en les espaçant de 20 à 30 cm selon la hauteur de la variété choisie. Arrosez abondamment après la plantation, au goulot (arrosoir sans pomme). Vous en trouverez à la même époque en godets dans les jardineries, à planter au même moment.

Entretenez

En fin de printemps, quand les reines-marguerites ont 40 cm de haut, raccourcissez la tige de moitié. Cette opération est indispensable sur les variétés hautes pour renforcer leur solidité.

Tout l'été, arrosez une fois par semaine pour maintenir une floraison abondante. Étalez autour des plantes une bonne couche de tontes de gazon sèches ou de tout autre matériau de paillage.

Les variétés conseillées

'Starlight' (25 cm) rose; 'Milady' (25 cm), 'Starlet' (25 cm) et 'Tausendschön' (25 cm) blancs, rouges, bleus, roses ou en mélange; 'Bouquet' (60 cm), 'Lilliput' (60 cm) et 'Pommax' (60 cm) blancs, rouges, bleus, roses ou en mélange; 'Paw' (80 cm), 'Turm' (80 cm) et 'Matador' (80 cm) blancs, rouges, bleus, roses ou en mélange.

Après les premières gelées, arrachez et jetez les restes de culture.

★★★ **Bulbeuse**

Renoncule

Ranunculus asiaticus

La renoncule aime le soleil au moins pendant une bonne moitié de la journée. Elle apprécie les sols riches et gardant une certaine humidité en été. En pot, plantez-la dans de la terre à rosiers du commerce ou dans un mélange de terre de jardin et de terreau.

Hauteur : *15 à 35 cm*
Distance de plantation : *15 cm*
Floraison : *avril à juillet*
Arrosage :
Maladies et parasites : *limaces*
Idées d'association : *giroflée*

Quand et comment cultiver

Plantez

Entre septembre et octobre, la veille de la plantation, faites tremper les griffes (racines charnues) de renoncules dans de l'eau tiède pendant une nuit.

Le lendemain, creusez des trous de 10 cm de profondeur, déposez-y une griffe en l'étalant au maximum et comblez avec du compost. Espacez les trous de 15 cm. Les premières feuilles n'apparaîtront qu'au printemps suivant.

À la même période, vous pouvez planter vos renoncules individuellement dans des pots de 15 cm remplis de terreau pour géraniums. Laissez-les dehors tout l'hiver.

Juste après la plantation, couvrez les renoncules plantées au jardin d'une bonne couche de feuilles mortes, indispensable le premier hiver.

Les variétés conseillées

Il en existe de toutes les couleurs sauf le bleu. Parmi les plus spectaculaires : 'Monstrueuse d'Anjou', 'Double de Turquie', le plus souvent vendues en mélange de coloris.

Entretenez

Dès l'apparition des premières fleurs, en pot comme au jardin, arrosez une fois par semaine avec un engrais spécial plantes fleuries dilué dans l'eau. Poursuivez ainsi jusqu'à ce que le feuillage fane.

N'oubliez pas de marquer l'emplacement de vos renoncules avec un bâton lorsque le feuillage disparaît en début d'automne.

Rose trémière

Alcea rosea

Cette vivace aime le soleil et la chaleur par-dessus tout : elle ne sera jamais aussi belle que le long d'un mur plein sud. Elle s'adapte à tous les sols pourvu qu'ils ne soient ni trop riches, ni trop humides. Il en existe des variétés à fleurs simples et à fleurs doubles.

Hauteur : *1,50 à 2,50 m*
Distance de plantation : *50 cm*
Floraison : *juillet à septembre*
Arrosage :
Maladies et parasites : *rouille, acariens, chenilles*
Idées d'association : *phlox, rudbeckia, dahlia, pivoine*

Quand et comment cultiver

Semez en pépinière

Entre juin et juillet, dans un coin de la pépinière bien affiné, répartissez vos graines à la volée de la façon la plus homogène possible. Recouvrez de 1 cm de terreau, tassez et arrosez en pluie fine. Maintenez humide jusqu'à l'apparition des premières feuilles une dizaine de jours plus tard.

Éclaircissez

Un mois plus tard, quand les jeunes plants ont 3 à 4 feuilles, éliminez les plants les plus faibles pour ne garder qu'une jeune rose trémière tous les 20 cm.

Plantez

En septembre ou octobre, plantez les jeunes roses trémières à leur emplacement définitif en les espaçant de 50 cm. Vous pouvez également en acheter en godets, à planter à la même époque ou en mars-avril.

Les variétés conseillées

'Summer Carnival' (1,80 m) et 'Hybrid Simplex' (1,80 m) en mélange de blanc, jaune, rose et cramoisi ; 'Chater's' (2,50 m) blanc, pourpre, rouge, jaune, rose, saumon.

Les roses trémières en godets plantées au printemps ne fleurissent pas la première année.

Entretenez

Tout l'été, surveillez l'apparition de taches orangées sur les feuilles (symptômes de rouille) et éliminez ces feuilles contaminées.

Les roses trémières se ressèment spontanément si elles se plaisent. Repérez leurs jeunes plantules dans vos massifs en été pour les épargner lors du désherbage. Déplacez-les si nécessaire avant qu'elles n'aient atteint 15 à 20 cm de haut.

★ **Annuelle, vivace**

Rudbeckia

Rudbeckia fulgida, R. hirta

Il existe deux types de rudbeckias : l'un annuel *(R. hirta)* et l'autre vivace *(R. fulgida, R. laciniata)*, dont les fleurs se ressemblent beaucoup. Tous apprécient le soleil et les sols un peu frais en été. S'ils se plaisent, les rudbeckias se ressèment spontanément.

Quand et comment cultiver

Semez en place

Début mai, répartissez les graines de rudbeckias annuels là où vous souhaitez les voir fleurir, de façon homogène. Recouvrez de terreau émietté, tassez et arrosez en pluie fine. Maintenez humide jusqu'à l'apparition des premières feuilles 15 jours plus tard.

Semez en pépinière

En juin ou juillet, répartissez les graines de rudbeckias vivaces à la volée dans un coin de la pépinière. Émiettez du terreau pour recouvrir, tassez et arrosez en pluie fine. Maintenez bien humide jusqu'à l'apparition des premières feuilles une quinzaine de jours plus tard.

Hauteur : *50 cm à 1 m*
Distance de plantation : *50 cm*
Floraison : *juillet à septembre*
Arrosage :

Maladies et parasites : *aucun*
Idées d'association : *sauge bleue, coréopsis, tabac*

Éclaircissez

En juin, éliminez les jeunes rudbeckias annuels les plus faibles pour ne conserver qu'un plant tous les 50 cm.

Repiquez

Un mois après le semis, repiquez les jeunes rudbeckias vivaces, toujours en pépinière, en les espaçant de 30 cm en tous sens. Opérez par temps gris.

En juin et juillet, arrosez s'il fait sec pour allonger la floraison.

Plantez

En septembre, plantez les jeunes rudbeckias vivaces obtenus en pépinière, à leur place définitive, en les espaçant de 50 cm. Arrosez abondamment après la plantation, au goulot (arrosoir sans pomme).
Vous pouvez également vous procurer des jeunes plants en godets, à mettre en place au printemps (mars ou avril).

Les variétés conseillées

Annuelles : 'Cherokee Sunset' (50 à 60 cm) bronze et acajou ; 'Chim Chiminee' (50 à 60 cm) jaune, bronze et acajou ; 'Marmelade' (50 à 60 cm) orange flammé ; 'Goldilocks' (50 à 60 cm) jaune orangé.

Vivaces : *R. laciniata* 'Goldquelle' (1 m) jaune citron à cœur vert.

★

Vivace, annuelle

Sauge

Salvia

Les sauges se partagent en deux groupes. Les unes *(S. splendens, S. horminum* et *S. farinacea)* sont annuelles ; les autres sont vivaces *(S. officinalis, S. patens...)*. Toutes se plaisent au soleil, dans un sol assez riche, frais en été et bien drainé.

Quand et comment cultiver

Semez en caissette

En mars ou avril, dans une caissette remplie de terreau spécial semis, répartissez les graines de sauge annuelle en surface. Recouvrez de 1 cm de terreau, tassez et arrosez en pluie fine. Maintenez humide et au chaud (15 à 18 °C) jusqu'à l'apparition des premières feuilles une dizaine de jours plus tard.

Repiquez

Quand les jeunes plants ont 3 à 4 feuilles, un bon mois plus tard, arrachez délicatement les jeunes sauges et plantez-les dans des godets individuels remplis de terreau ordinaire.

Hauteur : *30 à 50 cm*
Distance de plantation : *20 à 30 cm*
Floraison : *juin à octobre*
Arrosage :
Maladies et parasites : *pucerons*
Idées d'association : *achillée, chrysanthème, népéta*

Plantez

Courant mai, plantez vos sauges annuelles (ou celles que vous achèterez en jardinerie) à leur place définitive en les espaçant de 20 à 30 cm. Arrosez abondamment après la plantation, au goulot (arrosoir sans pomme). Coupez l'extrémité de la tige de quelques centimètres.

En mars-avril ou en septembre-octobre, plantez les sauges vivaces achetées en godets sans enrichir le sol. Arrosez au goulot.

Les variétés conseillées

Annuelles : *S. splendens* 'Sissler Red Stripe' rouge, 'Dress Parade' blanc, 'Salsa Bicolor' rose et saumon, 'Lavender Vista' bleu ; *S. farinacea* 'Cirrus' blanc, 'Rhea' bleu foncé ; *S. horminum* 'Marble Arch Mix' en mélange, rose, blanc, violet, pourpre.

Vivaces : *S. patens* 'Blue Angel' bleu ; *S. officinalis* violet clair ; *S. sclarea* lilas ; *S. nemorosa* pourpre, violet, blanc, rose ; *S. pratensis* violet, blanc ou rose.

En cas de sécheresse estivale, arrosez une à deux fois par semaine, surtout les sauges annuelles.

Entretenez

Durant la floraison, coupez les fleurs fanées des sauges annuelles ou vivaces afin de prolonger la floraison.

Après les premières gelées, coupez à quelques centimètres du sol les restes de végétation des sauges vivaces. Arrachez et jetez les sauges annuelles.

Saxifrage

Saxifraga

La saxifrage préfère une ombre légère et un sol riche, frais en été et bien drainé ; si le terrain est trop sec en été, elle aura tendance à se dégarnir au centre de la touffe de feuilles. Elle se plaît en bordure, dans les rocailles et les potées.

Hauteur : *10 à 70 cm*
Distance de plantation : *15 à 40 cm*
Floraison : *février à juillet*
Arrosage :
Maladies et parasites : *pucerons*
Idées d'association : *ancolie, fougère, tiarella, tolmiea*

Quand et comment cultiver

Plantez

Entre septembre et octobre, plantez les saxifrages achetées en godets en les espaçant de 15 à 40 cm selon la hauteur de la variété choisie. En groupe de 3 à 5, elles feront davantage d'effet. Tassez bien et arrosez abondamment au goulot (arrosoir sans pomme).

Entretenez

En fin de floraison, au début de l'été, coupez les saxifrages à quelques centimètres du sol à la cisaille à gazon.

Les variétés conseillées

S. x *arendsii* (20 cm) blanc, rose ou pourpre : 'Alba' blanc, 'Ware's Crimson' rouge ; *S. hypnoides* 'Densa' (30 cm) blanc ; *S. umbrosa* 'Elliot's Variety' (30 cm) blanc rosé ; *S.* x *urbium* ou désespoir du peintre 'Aureopunctata' (70 cm) rose.

Après la taille et régulièrement tout l'été, arrosez les saxifrages afin que leur feuillage demeure vert et vigoureux.

Scabieuse

Scabiosa

La scabieuse préfère le plein soleil et ne craint pas les vents. Elle tolère les terrains calcaires et même un peu secs en été, mais sera plus florifère en sol riche et frais durant l'été.

Quand et comment cultiver

Semez en pépinière

Entre juin et juillet, dans un coin de la pépinière, répartissez les graines en ligne (elles sont assez grosses), en les espaçant de 4 à 5 cm. Recouvrez de 1 cm de terreau pour semis et arrosez en pluie fine.

Maintenez bien humide jusqu'à l'apparition des premières feuilles une vingtaine de jours plus tard.

Éclaircissez

Un mois à 1 mois et demi plus tard, arrachez les jeunes plants peu vigoureux pour ne conserver qu'un plant tous les 10 à 15 cm.

Hauteur : *20 à 90 cm*
Distance de plantation : *40 cm*
Floraison : *juin à octobre*
Arrosage :
Maladies et parasites : *pucerons*
Idées d'association : *achillée, inula, graminées*

Plantez

Entre mars et avril de l'année suivante, plantez vos scabieuses à leur emplacement définitif, en les espaçant de 40 cm. Vous pouvez également planter, au même moment ou à l'automne, des jeunes scabieuses en godets achetées en jardinerie.

Les variétés conseillées

'Blue Diamonds' (20 cm) bleu clair ; *S. columbaria* 'Butterfly Blue' (40 cm) bleu lavande, 'Pink Mist' (40 cm) rose ; *S. stellata* 'Ping Pong' (60 cm) blanc lavé de vert ; *S. caucasica* (60 cm) 'Alba' blanc, 'Fama' bleu intense ; 'Olympia hybride' (90 cm) rose, rouge clair, pourpre-acajou, lavande, lilas clair.

Entretenez

Durant la floraison, prenez la peine d'ôter les fleurs fanées : vous prolongerez considérablement sa durée.

Après les premières gelées, coupez au ras du sol les restes de végétation.

Sédum

Sedum

Offrez à cette vivace une place au soleil, bien chaude pour une floraison abondante. Elle s'adapte à tous les types de sol. Toutefois, sa floraison sera décevante en terrain trop sec, car le sédum y poussera difficilement, ou trop riche, car il sera trop vigoureux.

Hauteur : *10 à 50 cm*
Distance de plantation : *20 cm*
Floraison : *avril à septembre*
Arrosage :
Maladies et parasites : *limaces*
Idées d'association : *aster, schizostylis*

Quand et comment cultiver

Plantez

Du printemps à l'automne, plantez les sédums achetés en godets ou en grosses potées, même prêts à fleurir, en les espaçant de 20 cm.

Entretenez

En mars, coupez les restes de fleurs (décoratives une bonne partie de l'hiver) au ras du sol.

Les variétés conseillées

Plus de 500 espèces et une multitude de variétés sont proposées. Faites votre choix en vous laissant guider par vos goûts.

Soleil

Helianthus

Il existe deux types de soleils : les tournesols, annuels *(H. annuus)*, aux fleurs très grandes, et les vrais soleils, vivaces (*H. decapetalus*, *H.* x *multiflorus*), aux fleurs plus petites. Ils apprécient tous le soleil et les sols riches, un peu frais en été. Placez les variétés les plus hautes à l'abri du vent.

Quand et comment cultiver

Semez en place

En avril ou mai, semez en place les graines de tournesol (soleil annuel), par 3 dans le même trou, en les espaçant de 50 à 60 cm. Refermez les trous avec du terreau, tassez et arrosez en pluie fine. Maintenez humide jusqu'à l'apparition des premières feuilles 15 jours plus tard.

Éclaircissez

Trois semaines après le semis, éliminez les jeunes tournesols (soleils annuels) les plus faibles pour ne conserver qu'un plant par groupe. Pour les plus hautes variétés, gardez uniquement un plant tous les 50 cm à 1 m, selon la hauteur de la variété choisie.

Hauteur : *40 cm à 4 m*
Distance de plantation : *50 cm à 1 m*
Floraison : *juillet à septembre*
Arrosage :

Maladies et parasites : *aucun*
Idées d'association : *en arrière-plan de massif*

Plantez

Au printemps ou à l'automne, plantez les soleils vivaces achetés en godets ou en petits conteneurs, en les espaçant de 80 cm à 1 m. Arrosez abondamment après la plantation, au goulot (arrosoir sans pomme).

En juin et juillet, arrosez s'il fait sec pour allonger la floraison.

Entretenez

Durant l'été, tuteurez solidement les plus grandes variétés avec des tuteurs en bambou ou en châtaignier d'au moins la moitié de leur hauteur définitive. Les variétés vivaces aux tiges plus fines se contentent d'un tuteur en cercle, placé à mi-hauteur également.

Les variétés conseillées

Annuelles : 'Pacino' (40 à 60 cm) jaune vif; 'Sundance Kid' (40 à 60 cm) jaune à bronze; 'Florenza' (1 à 1,50 m) rouge-acajou et jaune clair ; 'Vincent Van Gogh' (1 à 1,50 m) jaune; 'Moonshadow' (1 à 1,50 m) blanc; 'Soraya' (2 m) orange; 'Ruby Eclipse' (2 m) rouge et jaune; 'Kong Hybrid' (4 m) multiflore, jaune; 'Géant Hybride de Californie' (4 m) jaune.

Vivaces : *H. decapetalus* (1,50 m) jaune; *H.* x *multiflorus* 'Soleil d'Or' (1,50 m) double, jaune d'or, 'Triomphe de Gand' (1,20 m) jaune à gros cœur brun.

Souci

Calendula officinalis

Le souci fleurit abondamment au soleil. Plantez-le dans une terre riche, bien ameublie et restant toujours un peu humide en été. Dans les régions aux hivers cléments, il se ressème spontanément et réapparaît tous les ans.

Quand et comment cultiver

Semez en place

Entre la mi-avril et mai, semez les graines directement à la volée dans les massifs en les espaçant régulièrement. Recouvrez de 1 cm de terreau, tassez et arrosez en pluie fine. Maintenez humide jusqu'à l'apparition des premières feuilles une dizaine de jours plus tard.

Hauteur : *30 à 50 cm*
Distance de plantation : *20 à 30 cm*
Floraison : *juin à octobre*
Arrosage :

Maladies et parasites : *mosaïque du concombre, oïdium, rouille*
Idées d'association : *bleuet, rudbeckia, coréopsis*

Éclaircissez

Trois semaines plus tard environ, éliminez les jeunes soucis les plus faibles pour ne conserver qu'un plant tous les 20 à 30 cm.

Entretenez

En été, arrosez régulièrement pour soutenir la floraison, au goulot (arrosoir sans pomme), au pied de chaque plante, sans mouiller le feuillage.

Lorsqu'il fait chaud et sec, les soucis sont sensibles à l'oïdium. Si vous détectez une plante dont le feuillage porte un feutrage blanc, arrachez-la avant qu'elle ne contamine ses voisines.

Après les premières gelées

Secouez les plantes en place pour disperser leurs graines (régions à hivers doux), puis arrachez et jetez (pas sur le compost) ou brûlez les restes de végétation.

Les variétés conseillées

'Calypso' (30 cm) orange ou jaune ; 'Bonbon Abricot' (30 cm) orange, jaune ou en mélange ; 'Fiesta Gitana' (30 cm) orange à jaune clair ; 'Pink Surprise' (50 cm) orange clair à foncé ; 'D'Ollioules' (50 cm) en mélange, orange ou jaune.

★★★

Tabac

Nicotiana affinis, N. sylvestris

Les tabacs d'ornement aiment le soleil, mais pas la sécheresse. Ils fleuriront abondamment dans un sol riche, bien ameubli, et toujours un peu humide en été. Ils souffrent en jardinière et en potée s'ils ne sont pas arrosés très régulièrement.

Quand et comment cultiver

Semez en pépinière

Entre avril et mai, semez les graines à la volée dans un coin de la pépinière. Ratissez pour recouvrir, tassez et arrosez en pluie fine. Maintenez bien humide jusqu'à l'apparition des premières feuilles une bonne semaine plus tard.

Repiquez

Trois à quatre semaines après le semis, arrachez délicatement les jeunes tabacs et plantez-les immédiatement dans un autre endroit de la pépinière en les espaçant de 30 cm. Opérez par temps gris.

Hauteur : *30 cm à 1,50 m*
Distance de plantation : *30 cm*
Floraison : *juillet à septembre*
Arrosage :

Maladies et parasites : *aucun*
Idées d'association : *pétunia, dahlia, géranium, phlox*

Plantez

À partir de la mi-mai, plantez les jeunes tabacs à leur place définitive, en pot ou au jardin. Arrosez abondamment après la plantation, au goulot (arrosoir sans pomme). Vous pouvez également vous en procurer en godets, à planter à la même période.

Les variétés conseillées

'Domino' (30 à 50 cm) en mélange, blanc, rose, vert, pourpre, cramoisi, bicolore ; 'Antique Peach' (30 à 50 cm) rose ; 'Avalon Mix' (30 à 50 cm) rose, blanc, rouge en mélange ; 'Sensation' (70 cm) du blanc au rouge vif ; *N. langsdorffii* (1 à 1,50 m) vert pomme ; *N. sylvestris* (1,20 à 1,50 m) blanc très parfumé.

Entretenez

En été, arrosez régulièrement au goulot, au pied de chaque plante, sans mouiller le feuillage, pour soutenir la floraison, que vos tabacs soient en pot ou en massif.

Après les premières gelées, arrachez et jetez ou brûlez les restes de végétation noircis par le froid.

Tulipe

Tulipa

La tulipe préfère le soleil et la chaleur quand elle est en fleur. Bien que s'adaptant à de très nombreuses situations, elle apprécie les sols secs en été pendant qu'elle est en repos. En sol lourd, étalez une couche de sable au fond du trou de plantation.

Quand et comment cultiver

Plantez

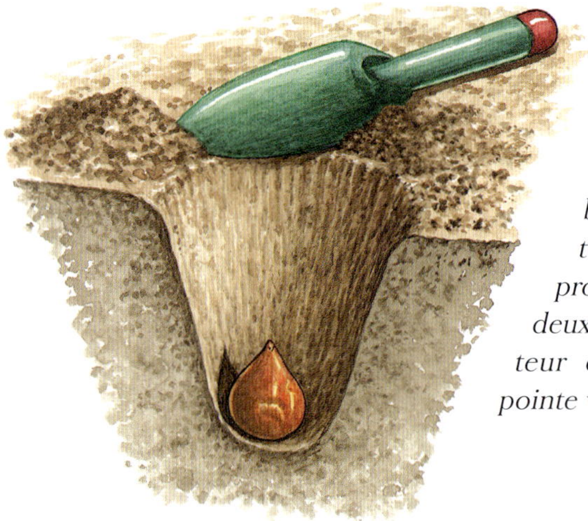

En septembre ou en octobre, plantez le bulbe de tulipe dans un terrain ameubli, à une profondeur équivalente à deux fois et demie la hauteur du bulbe environ, la pointe vers le haut.

Entretenez

Coupez les fleurs fanées le plus près possible du sol, mais laissez le feuillage intact.

Hauteur : *25 à 70 cm*
Distance de plantation : *25 cm*
Floraison : *mars à juin*
Arrosage :
Maladies et parasites : *limaces*
Idées d'association : *giroflée, primevère, pensée, érysimum*

Les variétés conseillées

Il existe de très nombreuses espèces et variétés. Laissez-vous guider par vos goûts pour les choisir.

Arrosez régulièrement une fois par semaine avec de l'eau enrichie d'un engrais spécial plantes fleuries jusqu'au jaunissement complet du feuillage. Coupez alors ce dernier au ras du sol. Marquez l'emplacement des bulbes.

Plantez les tulipes par groupes de 8 à 10 bulbes pour obtenir un effet spectaculaire.

Vous pouvez arracher vos tulipes quand le feuillage a jauni. Entreposez-les dans un local frais et aéré, à l'obscurité. Vous les planterez de nouveau l'automne prochain. Toutefois, elles peuvent rester en place plusieurs années.

Valériane

Centranthus ruber

La valériane aime le soleil et s'accommode de tous les terrains pourvu qu'ils ne soient pas humides. Elle préfère cependant les endroits caillouteux, les vieux murs ou les rocailles où il fait chaud. Elle se ressème spontanément là où elle se plaît. C'est ainsi que vous la retrouverez entre les pierres d'un muret.

Quand et comment cultiver

Semez en pépinière

Entre avril et juin, dans un coin de la pépinière, répartissez régulièrement les graines sur toute la surface. Recouvrez de 1 cm de terreau pour semis, tassez et arrosez en pluie fine. Maintenez bien humide jusqu'à l'apparition des premières feuilles 20 jours plus tard.

Repiquez

En juin ou juillet, arrachez délicatement les jeunes valérianes et plantez-les immédiatement dans un autre endroit de la pépinière en les espaçant de 10 cm. Opérez de préférence par temps gris.

Hauteur : *80 cm*
Distance de plantation : *50 cm*
Floraison : *mai à septembre*
Arrosage :
Maladies et parasites : *oïdium*
Idées d'association : *sauge, gaura, scabieuse*

Plantez

En septembre ou en octobre, arrachez de nouveau les jeunes valérianes pour les planter à leur place définitive en les espaçant de 50 cm.

Vous pouvez également planter à la même période (ou au printemps) des valérianes achetées en godets en jardinerie.

Les variétés conseillées

Blanches : 'Snow Cloud', 'Phu Aurea' et 'Albiflorus'.

Rouges : 'Coccineus', 'Pretty Betsy'.

Si votre terre est lourde, étalez au fond du trou de plantation une couche de graviers ou de sable.

Entretenez

Quand votre valériane est presque fanée (cela arrive souvent en début d'été lorsque la floraison de printemps a été précoce), coupez tout au ras du sol. De nouvelles pousses se développeront vite, donnant une nouvelle floraison.

Durant l'été, repérez les jeunes plants issus de semis naturels de votre valériane pour les épargner lors du désherbage. Vous pourrez les déplacer si vous le souhaitez à l'automne suivant.

★★

Annuelle, vivace

Verveine

Verbena

Pour fleurir abondamment, la verveine a besoin de beaucoup de soleil et de chaleur. En pot, elle apprécie un terreau spécial géraniums, enrichi de compost à parts égales. Au jardin, ameublissez et enrichissez la terre de compost avant la plantation. Vivace non rustique, la verveine rugueuse *(V. venosa)* est cultivée comme une annuelle.

Hauteur : *20 cm à 1 m*

Distance de plantation : *20 à 30 cm*

Floraison : *juillet à octobre*

Arrosage :

Maladies et parasites : *pucerons*

Idées d'association : *pétunia, dahlia, géranium, phlox*

Quand et comment cultiver

Semez en caissette

En mars ou avril, dans une caissette remplie de terreau spécial semis, répartissez les graines en surface. Émiettez le même terreau pour recouvrir. Tassez et arrosez en pluie fine. Maintenez bien humide et au chaud (15 à 18 °C) jusqu'à l'apparition des premières feuilles une bonne semaine plus tard.

Repiquez

Quand les jeunes plants ont 3 à 4 feuilles, un bon mois plus tard, arrachez délicatement les jeunes verveines et plantez-les dans des godets individuels remplis de terreau ordinaire.

Plantez

Courant mai, plantez vos verveines à leur place définitive en les espaçant de 20 à 30 cm, un peu moins en jardinière. Arrosez abondamment après la plantation, au goulot (arrosoir sans pomme). Coupez l'extrémité de la tige de quelques centimètres. Vous trouverez à la même époque des verveines en godets dans les jardineries, à planter au même moment.

La verveine de Buenos Aires peut aussi se semer directement en place en mai. Éliminez 1 mois plus tard les plants en surnombre pour ne conserver qu'une verveine tous les 30 cm.

Les variétés conseillées

Verveine rugueuse (*V. venosa*, 25 à 50 cm) violette, mauve ou bleue ; verveine de Buenos Aires (*V. bonariensis*, 1 m), bleu-mauve ; verveine hybride (30 à 60 cm) à silhouette droite ou retombante. Il en existe de très nombreuses variétés à choisir selon vos goûts.

Entretenez

Durant l'été, arrosez très régulièrement. Si la verveine souffre de sécheresse, sa floraison s'interrompt. Ajoutez de l'engrais liquide à l'eau d'arrosage, une fois par semaine, surtout pour les plantes en pots.

Après les premières gelées, arrachez et jetez les restes de culture. Les variétés vivaces conservées d'une année sur l'autre ne sont jamais aussi florifères que les verveines plantées au printemps.

Violette

Viola odorata, V. cornuta et hybrides

La violette aime les terrains consistants, à tendance argileuse, qui restent frais en été. Plantez-la à l'ombre, car elle déteste la chaleur. Sous les arbres, elle forme des tapis denses. Elle est également parfaite en bordure de massif.

Quand et comment cultiver

Semez en caissette

Entre juin et juillet, répartissez les graines de façon homogène dans une caissette remplie de terreau pour semis. Émiettez du terreau pour recouvrir, tassez et arrosez en pluie fine. Placez dans un coin ombragé et abrité du jardin. Maintenez bien humide jusqu'à l'apparition des premières feuilles 10 jours plus tard.

Repiquez

Un mois à 1 mois et demi plus tard, arrachez délicatement les jeunes violettes et plantez-les immédiatement dans des godets individuels, remplis de terreau ordinaire, entreposés au même endroit. Opérez par temps gris.

Hauteur : *10 à 15 cm*
Distance de plantation : *15 cm*
Floraison : *mars à juillet*
Arrosage :

Maladies et parasites : *limaces, pucerons*
Idées d'association : *giroflée, tulipe, érysimum*

Plantez

En octobre ou entre mars-avril de l'année suivante, plantez vos violettes à leur emplacement définitif, en les espaçant de 15 cm environ.

Vous pouvez également planter, à ces mêmes périodes, des jeunes violettes en godets achetées dans les jardineries.

Les variétés conseillées

Violette odorante *(V. odorata)* **:** 'Reine Charlotte' bleu foncé ; 'Reine des Blanches' blanc ; 'De Toulouse' bleu lavande.

Violette cornue *(V. cornuta)* **et hybrides :** 'Penny' et 'Sorbet' blancs, bleus, jaunes, orange ou violets ; 'Black Jack' noir et jaune ; 'Princesse' en mélange, bleu, violet ou pourpre ; 'Cottage Mix' bleu, jaune ou crème ; 'Angel' jaune, orange ou rouge ; 'Lavender' lavande.

Si vous attendez le printemps pour planter les violettes que vous avez produites vous-même, abritez vos jeunes plants en godets des grands froids durant l'hiver.

Entretenez

À partir de début juin, arrosez régulièrement les violettes cornues et leurs hybrides afin de prolonger la floraison le plus longtemps possible.

★★

Zinnia

Zinnia elegans, Z. haageana

Les zinnias ne fleurissent généreusement qu'en plein soleil et dans les endroits très chauds du jardin. Ils apprécient les sols riches, bien drainés et frais en été. Les variétés naines se plaisent en jardinières.

Quand et comment cultiver

Semez en caissette

En mars ou avril, dans une caissette remplie de terreau spécial semis, répartissez les graines en surface. Recouvrez de 1 cm de terreau. Tassez et arrosez en pluie fine. Maintenez bien humide et au chaud (15 à 18 °C) jusqu'à l'apparition des premières feuilles une dizaine de jours plus tard.

Repiquez

Quand les jeunes plants ont 3 à 4 feuilles, un bon mois plus tard, arrachez délicatement les jeunes zinnias et plantez-les dans des godets individuels remplis de terreau ordinaire.

Hauteur : *20 à 90 cm*
Distance de plantation : *20 à 50 cm*
Floraison : *juin à octobre*
Arrosage :

Maladies et parasites : *oïdium, pourriture grise, viroses*
Idées d'association : *sauge, phlox, géranium*

Plantez

Courant mai, plantez vos zinnias à leur place définitive en les espaçant de 20 à 50 cm, selon la taille de la variété choisie, un peu moins en jardinière. Arrosez abondamment après la plantation, au goulot (arrosoir sans pomme). Coupez l'extrémité de la tige de quelques centimètres.

Vous trouverez à la même époque des zinnias en godets dans les jardineries, à planter au même moment.

Les variétés conseillées

Naines (20 à 30 cm) **:** 'Dreamland' blanc, orange, rose et jaune en mélange ; 'Profusion Cherry' rouge ; 'Profusion Blanc Pur' blanc ; 'Starbright Mix' jaune, orange et blanc en mélange ; 'Tapis Persan' rouge bordé de jaune et de crème.

Grandes (70 à 90 cm) **:** 'Ours Polaire' blanc ; 'Bright Rose' rose ; 'Dream' lilas ; 'Eldorado' saumon ; 'Envy' vert chartreuse ; 'Géant de Californie' jaune, rose, orange, rouge et blanc en mélange.

Entretenez

Durant l'été, éliminez régulièrement les fleurs fanées afin de prolonger au maximum la floraison.

Après les premières gelées, arrachez et jetez les restes de culture.

Bien choisir ses fleurs

Ce tableau vous présente près de 180 fleurs de jardin très variées, classiques – la pivoine, l'iris, la rose trémière, etc. – ou plus inattendues – l'éphémère de Virginie, la fleur des elfes, etc. Les 92 fleurs étudiées dans l'ouvrage sont signalées par un renvoi à la page de la fiche de culture. Chaque plante est définie selon plusieurs critères : nom latin, type de végétation et de sol, période de floraison, hauteur, distance de plantation, exposition. Toutes ces données vous permettront de bien choisir vos fleurs et de les associer dans les meilleures conditions selon vos besoins et vos envies au jardin : ainsi, vous pourrez, par exemple, associer l'impatiens, le coléus et le bégonia dans vos massifs.

Nom français	Nom latin	Caractéristique	Floraison	Hauteur	Distance de plantation	Sol	Exposition
Achillée (p. 34)	*Achillea*	vivace	juin-août	15 cm-1 m	15-30 cm	bien drainé	soleil
Acidanthéra	*Gladiolus callianthus*	bulbeuse	août-septembre	80 cm-1 m	20 cm	sableux, bien drainé	soleil
Aconit napel	*Aconitum napellus*	vivace	juin-août	1,30 m	60-80 cm	riche, frais	toute exposition
Agapanthe	*Agapanthus* hybride	bulbeuse	juillet-août	60 cm-1 m	50 cm	profond, riche, neutre	soleil
Agastache	*Agastache*	vivace	juillet-août	80 cm-1 m	50-60 cm	riche, frais	soleil, mi-ombre
Agératum (p. 36)	*Ageratum mexicanum, A. houstonianum*	vivace	juin-octobre	20-60 cm	15-20 cm	riche, frais	soleil
Ail d'ornement	*Allium*	bulbeuse	avril-juillet	25 cm-1,80 m	15-30 cm	tout sol	soleil
Alstroemère	*Alstroemeria aurantiaca*	vivace	juin-septembre	90 cm-1 m	50 cm	perméable, riche, non calcaire	soleil
Alysse odorante (p. 38)	*Lobularia maritima*	annuelle	juillet-octobre	5-15 cm	20 cm	bien drainé	soleil
Amarante	*Amaranthus*	annuelle	juillet-octobre	1-1,50 m	40-70 cm	riche, frais, bien drainé	soleil
Anaphalis	*Anaphalis*	vivace	juillet-septembre	20-70 cm	30-50 cm	pauvre, caillouteux ou sableux	soleil
Ancolie (p. 40)	*Aquilegia*	vivace	mai-juin	15 cm-1 m	30-50 cm	bien drainé, frais	toute exposition
Anémone (p. 42)	*Anemone*	vivace, bulbeuse	avril-octobre	10 cm-1 m	20-40 cm	riche, frais	soleil, mi-ombre
Anthémis (p. 44)	*Anthemis*	vivace	juin-octobre	20-60 cm	40 cm	bien drainé, même sec	soleil
Argyranthémum	*Argyranthemum frutescens*	vivace	juin-septembre	60 cm-1 m	60 cm	perméable, riche	soleil
Arum (p. 46)	*Zantedeschia*	bulbeuse	mai-novembre	40 cm-1 m	20-40 cm	riche, frais	soleil, mi-ombre
Aster (p. 48)	*Aster*	vivace	mai-novembre	30 cm-1,20 m	20-70 cm	frais, bien drainé	soleil
Astilbe (p. 50)	*Astilbe*	vivace	juin-août	50 cm-1,20 m	40-50 cm	humide, léger, riche	soleil, mi-ombre
Astrance	*Astrantia major*	vivace	juillet-août	60-70 cm	40 cm	frais	mi-ombre, ombre
Aubriète (p. 52)	*Aubrieta*	vivace	avril-juin	10-15 cm	20 cm	tout sol	toute exposition
Barbe-de-bouc	*Aruncus dioicus*	vivace	juin-juillet	70 cm-1,50 m	1 m	riche, frais	toute exposition
Bégonia (p. 54)	*Begonia semperflorens, B. tuberhybrida*	bulbeuse, annuelle	juin-octobre	15-60 cm	15-20 cm	léger, riche	mi-ombre
Belle-de-nuit	*Mirabilis jalapa*	vivace	juin-octobre	60-80 cm	60-80 cm	riche, frais	soleil
Benoîte	*Geum* hybride	vivace	mai-juillet	50-60 cm	50 cm	riche, frais, bien drainé	soleil, mi-ombre

Nom français	Nom latin	Caractéristique	Floraison	Hauteur	Distance de plantation	Sol	Exposition
Bergénia	*Bergenia cordifolia*	vivace	mars-mai	40 cm	50 cm	tout sol	toute exposition
Bidens	*Bidens ferulifolia*	annuelle	mai-octobre	50-60 cm	60-80 cm	ordinaire	soleil
Boule azurée	*Echinops ritro*	vivace	juillet-septembre	80 cm-1 m	60 cm	meuble, pauvre	soleil
Bugle rampante	*Ajuga reptans*	vivace	juin-août	15-20 cm	40 cm	riche et léger	mi-ombre
Calcéolaire	*Calceolaria integrifolia*	annuelle	juin-août	20 cm	20 cm	léger, légèrement acide	soleil, mi-ombre
Camassia	*Camassia leichtlinii*	bulbeuse	mai-juillet	70-90 cm	15-20 cm	tout sol	soleil, mi-ombre
Campanule (p. 58)	*Campanula*	vivace, bisannuelle	avril-juillet	15 cm-1,50 m	20-40 cm	riche, frais	soleil, mi-ombre
Canna (p. 60)	*Canna*	bulbeuse	juin-octobre	80 cm-1,50 m	50 cm	riche, frais	soleil
Capucine (p. 62)	*Tropaeolum majus*	annuelle	mai-octobre	25 cm-3 m	30-50 cm	riche, frais	soleil
Célosie	*Celosia argentea*	annuelle	juin-août	40-50 cm	30 cm	riche, bien drainé	soleil
Centaurée, bleuet (p. 64)	*Centaurea*	vivace, annuelle	mai-septembre	35 cm-1,50 m	12-15 cm	tout sol	soleil
Chionodoxa	*Chionodoxa gigantea, C. luciliae*	bulbeuse	février-avril	10-25 cm	8-10 cm	tout sol	soleil, mi-ombre
Chrysanthème (p. 66)	*Dendranthema*	vivace	août-octobre	40-70 cm	20 cm	ni trop sec ni trop humide	soleil
Cimicifuga	*Cimicifuga*	vivace	août-octobre	1-2 m	60-80 cm	profond, riche, frais	mi-ombre, ombre
Cinéraire maritime (p. 68)	*Senecio cineraria*	vivace	juin-août	20 cm	15 cm	bien drainé	soleil
Clarkia	*Clarkia amoena*	annuelle	juin-août	30 cm	30 cm	bien drainé	soleil
Cléome	*Cleome hassleriana*	annuelle	juillet-août	80 cm-1,20 m	45 cm	léger, sableux, bien drainé	soleil
Cobée	*Cobaea scandens*	annuelle	juillet-août	10 m	60-80 cm	riche, frais, bien drainé	soleil
Cœur-de-Marie (p. 70)	*Dicentra spectabilis*	vivace	mai-juin	40 cm	20 cm	riche, frais	soleil, mi-ombre
Colchique	*Colchicum speciosum*	bulbeuse	septembre	20-25 cm	12-15 cm	ordinaire	mi-ombre
Coléus (p. 72)	*Solenostemon scutellaroides*	vivace	juillet-août	20-50 cm	20 cm	riche, frais, bien drainé	mi-ombre
Consoude	*Symphytum officinale*	vivace	mai-juillet	80 cm	50 cm	tout sol	soleil, mi-ombre
Corbeille-d'argent (p. 74)	*Cerastium, Iberis, Arabis*	vivace	avril-mai	10-15 cm	20 cm	bien drainé	soleil
Corbeille-d'or (p. 76)	*Alyssum saxatile*	vivace	avril-mai	25-30 cm	30-50 cm	sec	soleil
Coréopsis (p. 78)	*Coreopsis*	vivace, annuelle	juin-octobre	25-90 cm	30 cm	riche, argileux, frais	soleil
Corydale	*Corydalis flexuosa*	vivace	avril-juillet	40 cm	40 cm	léger, riche, frais	mi-ombre, ombre

Nom français	Nom latin	Caractéristique	Floraison	Hauteur	Distance de plantation	Sol	Exposition
Cosmos (p. 80)	*Cosmos*	annuelle	juillet-octobre	30 cm-1,50 m	20-30 cm	ni trop sec ni trop humide	soleil
Crambé	*Crambe cordifolia*	vivace	mai-juin	1,50-2 m	1 m	profond, riche	soleil, mi-ombre
Crocus (p. 82)	*Crocus*	bulbeuse	février-mars	8-15 cm	10 cm	bien drainé	soleil, mi-ombre
Cyclamen des jardins	*Cyclamen neapolitanum*	bulbeuse	août-septembre	10 cm	30 cm	léger, riche	mi-ombre, ombre
Dahlia (p. 84)	*Dahlia*	bulbeuse	juin-octobre	20 cm-1,50 m	25-60 cm	riche, frais	soleil
Darmera	*Darmera peltata*	vivace	avril-mai	80 cm-1 m	60 cm	riche, humide	mi-ombre, ombre
Diascia (p. 86)	*Diascia*	vivace	juin-septembre	20-50 cm	10 cm	frais	soleil
Digitale (p. 88)	*Digitalis*	vivace	juin-août	80 cm-1,50 m	40 cm	léger, riche, frais	mi-ombre, ombre
Doronic	*Doronicum orientale*	vivace	avril-mai	40-50 cm	40 cm	frais	soleil, mi-ombre
Éphémère de Virginie	*Tradescantia x andersoniana*	vivace	mai-septembre	40-50 cm	50-60 cm	riche, frais	soleil, mi-ombre
Érémurus	*Eremurus stenophyllus*	bulbeuse	juin-juillet	1 m	50 cm	meuble, bien drainé	soleil
Érigéron (p. 90)	*Erigeron*	vivace	juin-août	40-70 cm	40 cm	riche, bien drainé, frais	soleil, mi-ombre
Érysimum	*Erysimum helveticum*	vivace	mai-juin	15 cm	30-40 cm	perméable et calcaire	soleil
Félicia	*Agathea amelloides*	vivace	juin-septembre	20-50 cm	40-50 cm	bien drainé	soleil
Ficoïde	*Dorotheanthus bellidiformis*	annuelle	juillet-août	10-15 cm	30 cm	pauvre, bien drainé	soleil
Fleur des elfes	*Epimedium*	vivace	mars-mai	20-40 cm	30-50 cm	riche, frais	mi-ombre, ombre
Freesia (p. 92)	*Freesia*	bulbeuse	juin-août	30-60 cm	25 cm	léger, sableux, riche	soleil
Fritillaire (p. 94)	*Fritillaria*	bulbeuse	mars-avril	60 cm-1 m	30 cm	riche, frais	soleil
Fuchsia (p. 96)	*Fuchsia*	arbuste	juin-septembre	20 cm-1,20 m	40 cm	riche, frais	soleil, mi-ombre
Gaillarde (p. 98)	*Gaillardia*	vivace, annuelle	juin-septembre	40-70 cm	20-30 cm	riche, profond	soleil
Gaura	*Gaura lindheimeri*	vivace	juin-octobre	1 m	60 cm	ordinaire	soleil
Gazania	*Gazania*	annuelle	juillet-septembre	25-30 cm	35-50 cm	tout sol	soleil
Gazon d'Espagne	*Armeria maritima*	vivace	mai-juin	20 cm	40 cm	léger	soleil
Géranium (p. 100)	*Geranium*	vivace	juin-novembre	20-70 cm	30 cm	tout sol	toute exposition
Giroflée (p. 102)	*Cheiranthus, Matthiola*	vivace	mars-mai	20-60 cm	20 cm	pauvre, bien drainé	soleil
Glaïeul (p. 104)	*Gladiolus*	bulbeuse	juillet-août	50 cm-1 m	20 cm	tout sol	soleil
Godétia (p. 106)	*Godetia*	annuelle	juin-septembre	20-50 cm	20 cm	riche, frais	soleil
Gypsophile (p. 108)	*Gypsophila*	vivace, annuelle	juin-septembre	50 cm-1 m	30 cm	bien drainé	soleil

Nom français	Nom latin	Caractéristique	Floraison	Hauteur	Distance de plantation	Sol	Exposition
Hélénium	*Helenium* hybride	vivace	juillet-septembre	80 cm-1,50 m	80 cm	frais	soleil
Héliotrope (p. 110)	*Heliotropium*	annuelle	juin-octobre	30 cm	20-40 cm	riche, frais, bien drainé	soleil
Hellébore (p. 112)	*Helleborus*	vivace	février-avril	30-60 cm	20 cm	riche, profond	soleil, mi-ombre
Hémérocalle (p. 114)	*Hemerocallis*	bulbeuse	juin-novembre	1 m	80 cm	riche, frais	soleil, mi-ombre
Heuchère (p. 116)	*Heuchera*	vivace	juin-août	40-60 cm	25 cm	riche	toute exposition
Hosta (p. 118)	*Hosta*	vivace	juin-septembre	40-80 cm	40 cm	riche, frais	mi-ombre, ombre
Immortelle (p. 120)	*Helichrysum, Bracteantha*	annuelle	juin-août	30-50 cm	15-20 cm	tout sol	soleil
Impatiens (p. 122)	*Impatiens*	annuelle	mai-octobre	20-80 cm	20 cm	riche, frais	mi-ombre, ombre
Ipomée, belle-de-jour (p. 124)	*Ipomoea purpurea, I. tricolor*	annuelle	mai-octobre	3 m	50-60 cm	riche, frais, bien drainé	soleil
Iris (p. 126)	*Iris*	bulbeuse	avril-juillet	20 cm-1 m	10-40 cm	tout sol	soleil
Jacinthe (p. 128)	*Hyacinthus orientalis*	bulbeuse	avril	20-30 cm	10-15 cm	riche, sec en été	soleil
Jacinthe du Cap	*Galtonia candicans*	bulbeuse	août-septembre	80 cm-1 m	30-40 cm	riche, bien drainé	soleil, mi-ombre
Julienne de Mahon	*Malcolmia maritima*	annuelle	juin-septembre	20-40 cm	10-15 cm	bien drainé	soleil, mi-ombre
Kirengeshoma	*Kirengeshoma palmata*	vivace	août-septembre	80 cm	60 cm	riche, meuble, frais	mi-ombre, ombre
Kniphofia	*Kniphofia* hybride	vivace	juin-septembre	60 cm-1,20 m	40-50 cm	bien drainé	soleil
Lamier maculé	*Lamium maculatum*	vivace	mai-juillet	20 cm	40 cm	léger, riche	mi-ombre
Lavatère (p. 130)	*Lavatera*	vivace, annuelle	juillet-septembre	50 cm-1 m	30-40 cm	riche, frais	soleil
Liatris	*Liatris spicata*	vivace	juillet-septembre	80 cm	50 cm	riche, frais, perméable	soleil, mi-ombre
Ligulaire	*Ligularia*	vivace	juin-septembre	1,20-1,80 m	80 cm-1 m	riche, profond	mi-ombre
Lin (p. 132)	*Linum*	vivace, annuelle	mai-juillet	30-50 cm	10-15 cm	frais	soleil
Lis (p. 134)	*Lilium*	bulbeuse	mai-août	50 cm-2 m	20 cm	frais	soleil
Lobélia (p. 136)	*Lobelia*	vivace, annuelle	juin-octobre	10-80 cm	10-20 cm	riche, frais, voire humide	soleil
Lupin (p. 138)	*Lupinus*	vivace, annuelle	mai-juin	45 cm-1 m	30 cm	neutre, profond	soleil
Lychnis croix de Jérusalem	*Lychnis chalcedonica*	vivace	juin-août	80 cm-1 m	50-60 cm	ordinaire	soleil
Lysimaque	*Lysimachia*	vivace	juin-septembre	80 cm-1 m	60 cm	riche, frais	soleil, mi-ombre
Marguerite (p. 140)	*Leucanthemum*	vivace	mai-août	30 cm-1 m	50 cm	frais	soleil

Nom français	Nom latin	Caractéristique	Floraison	Hauteur	Distance de plantation	Sol	Exposition
Mina	*Mina lobata*	annuelle	juillet-octobre	4-5 m	2-3 m	riche, frais	soleil
Molène	*Verbascum* hybride	vivace	juin-août	30 cm-1 m	50-60 cm	bien drainé	soleil
Monarde	*Monarda*	vivace	juin-septembre	80 cm-1,40 m	50-60 cm	meuble, riche, frais	soleil, mi-ombre
Monnaie-du-pape	*Lunaria rediviva*	vivace	mai-juillet	80 cm	50 cm	tout sol	soleil, mi-ombre
Montbrétia (p. 142)	*Crocosmia x crocosmiiflora*	bulbeuse	juillet-août	50-60 cm	5-10 cm	riche, frais, léger, bien drainé	soleil, mi-ombre
Montia	*Montia sibirica*	vivace	avril-juillet	5-15 cm	30 cm	riche, frais	mi-ombre, ombre
Muflier (p. 144)	*Antirrhinum*	vivace	juin-août	30 cm-1 m	20-40 cm	tout sol	soleil
Muguet (p. 146)	*Convallaria majalis*	vivace	mai	15-30 cm	15-20 cm	riche, frais	mi-ombre, ombre
Muscari	*Muscari armeniacum*	bulbeuse	avril-mai	15-20 cm	8-12 cm	tout sol	soleil, mi-ombre
Myosotis (p. 148)	*Myosotis sylvatica*	bisannuelle	avril-juin	20 cm	15-20 cm	humide printemps et en automne	soleil, mi-ombre
Narcisse (p. 150)	*Narcissus*	bulbeuse	mars-mai	30-50 cm	10-15 cm	ordinaire	soleil, mi-ombre
Némésia	*Nemesia strumosa*	annuelle	juillet-août	20-25 cm	10-15 cm	bien drainé	soleil
Népéta (p. 152)	*Nepeta*	vivace	mai-octobre	30 cm-1 m	30 cm	pas trop humide	soleil
Nigelle de Damas (p. 154)	*Nigella damascena*	annuelle	juin-juillet	50 cm	15 cm	ordinaire	soleil, mi-ombre
Nummulaire	*Lysimachia nummularia*	vivace	mai-juillet	5-10 cm	40-50 cm	riche, frais, voire détrempé	mi-ombre, ombre
Œillet (p. 156)	*Dianthus*	vivace, bisannuelle, annuelle	mai-septembre	30-80 cm	15-30 cm	bien drainé, calcaire	soleil
Œillet d'Inde, rose d'Inde (p. 158)	*Tagetes patula, T. erecta*	annuelle	mai-octobre	20-45 cm	10-30 cm	riche, frais	soleil
Oenothère	*Oenothera rosea, O. missouriensis*	vivace	mai-août	15-50 cm	40-50 cm	perméable, voire sec	soleil
Oreille-d'ours	*Stachys lanata*	vivace	juin-juillet	30-40 cm	40-50 cm	bien drainé	soleil
Ornithogale	*Ornithogalum*	bulbeuse	avril-juin	10-60 cm	10-20 cm	tout sol	soleil, mi-ombre
Ostéospermum, dimorphothéca (p. 160)	*Osteospermum, Dimorphotheca*	annuelle, vivace	juin-septembre	30-70 cm	20 cm	léger	soleil
Oxalis	*Oxalis adenophylla*	bulbeuse	mai-juin	5-10 cm	20 cm	caillouteux, calcaire	soleil
Panicaut	*Eryngium*	vivace	juillet-septembre	50 cm-1,50 m	40-60 cm	bien drainé, profond	soleil
Pâquerette (p. 162)	*Bellis perennis*	vivace	mars-juin	10-15 cm	10 cm	tout sol	soleil
Pavot (p. 164)	*Papaver*	vivace, annuelle	juin-juillet	30 cm-1,50 m	20-30 cm	riche, profond	soleil

Nom français	Nom latin	Caractéristique	Floraison	Hauteur	Distance de plantation	Sol	Exposition
Pavot de Californie (p. 168)	*Eschscholzia californica*	annuelle	juin-septembre	40 cm	10-15 cm	léger	soleil, mi-ombre
Pélargonium (p. 170)	*Pelargonium*	vivace	juin-octobre	30-50 cm	20-30 cm	riche	soleil
Pensée (p. 172)	*Viola tricolor* et hybrides	bisannuelle	mars-mai	20 cm	15-20 cm	tout sol	soleil, mi-ombre
Penstémon (p. 174)	*Penstemon* hybride	vivace	juin-septembre	50-80 cm	30 cm	riche, perméable, bien drainé	soleil
Perce-neige (p. 176)	*Galanthus nivalis*	bulbeuse	février-mars	15 cm	5 cm	riche, frais	soleil, mi-ombre
Pétunia (p. 178)	*Petunia*	annuelle	mai-octobre	20-50 cm	20 cm	riche, frais	soleil
Phlox (p. 180)	*Phlox*	vivace, annuelle	avril-septembre	10 cm-1 m	20-30 cm	riche, frais	soleil
Physalis	*Physalis franchetii*	vivace	juin-juillet	80 cm	60 cm	tout sol	soleil
Pied-d'alouette (p. 182)	*Delphinium*	vivace, annuelle	juin-juillet	40 cm-2 m	20-30 cm	riche, frais, bien drainé	soleil
Pigamon	*Thalictrum*	vivace	juin-août	40 cm-2 m	40-80 cm	léger, neutre	soleil, mi-ombre
Pivoine (p. 184)	*Paeonia lactiflora*	vivace	mai-juin	60 cm-1 m	80 cm	riche, frais	soleil
Pois de senteur (p. 186)	*Lathyrus*	annuelle, vivace	mai-septembre	20 cm-2,40 m	40 cm	riche, frais	soleil
Polémonium	*Polemonium caeruleum*	vivace	mai-juillet	60-70 cm	50 cm	frais, léger, riche	mi-ombre, ombre
Pourpier	*Portulaca grandiflora*	annuelle	juillet-septembre	15 cm	15 cm	léger, sableux	soleil
Primevère (p. 188)	*Primula vulgaris, P. auricula*	vivace	février-avril	15-25 cm	20 cm	frais, riche, bien drainé	soleil, mi-ombre
Pulmonaire	*Pulmonaria*	vivace	mars-mai	20-30 cm	40-50 cm	riche, frais, même calcaire	mi-ombre, ombre
Pyrèthre	*Chrysanthemum coccineum*	vivace	mai-juin	60-80 cm	50 cm	riche, frais	soleil
Reine-marguerite (p. 190)	*Callistephus chinensis*	annuelle	juin-octobre	20-80 cm	20-30 cm	riche, frais	soleil
Renoncule (p. 192)	*Ranunculus asiaticus*	bulbeuse	avril- juillet	15-35 cm	15 cm	riche, frais	soleil
Rodgersia	*Rodgersia*	vivace	juin-juillet	1-1,50 m	1 m	riche, frais	soleil, mi-ombre
Rose trémière (p. 194)	*Alcea rosea*	vivace	juillet-septembre	1,50-2,50 m	50 cm	tout sol	soleil
Rudbeckia (p. 196)	*Rudbeckia fulgida, R. hirta*	vivace, annuelle	juillet-septembre	50 cm-1 m	50 cm	frais	soleil
Salicaire	*Lythrum salicaria*	vivace	juin-août	1 m	60 cm	humide	soleil
Sanvitalia	*Sanvitalia procumbens*	annuelle	juillet-septembre	15 cm	35 cm	riche	soleil
Saponaire	*Saponaria officinalis*	vivace	juin-septembre	60 cm	50 cm	léger, pas trop sec	soleil
Sauge (p. 198)	*Salvia*	vivace, annuelle	juin-octobre	30-50 cm	20-30 cm	riche, frais, bien drainé	soleil

Nom français	Nom latin	Caractéristique	Floraison	Hauteur	Distance de plantation	Sol	Exposition
Saxifrage (p. 200)	*Saxifraga*	vivace	février-juillet	10-70 cm	15-40 cm	riche, frais, bien drainé	mi-ombre
Scabieuse (p. 202)	*Scabiosa*	vivace	juin-octobre	20-90 cm	40 cm	riche, frais	soleil
Schizostylis	*Schizostylis coccinea*	vivace	septembre-décembre	60 cm	50 cm	riche, frais	soleil
Scille de Sibérie	*Scilla siberica*	bulbeuse	mars	10-15 cm	8-10 cm	tout sol	soleil, mi-ombre
Sédum (p. 204)	*Sedum*	vivace	avril-septembre	10-50 cm	20 cm	tout sol	soleil
Silène	*Silene maritima*	vivace	juin-août	20 cm	40-50 cm	caillouteux, pas trop sec	soleil
Soleil (p. 206)	*Helianthus*	annuelle, vivace	juillet-septembre	40 cm-4 m	50 cm-1 m	riche, frais	soleil
Souci (p. 208)	*Calendula officinalis*	annuelle	juin-octobre	30-50 cm	20-30 cm	riche, meuble, frais	soleil
Sparaxis	*Sparaxis tricolor*	bulbeuse	mai-juin	35-45 cm	10-12 cm	léger, riche, bien drainé	soleil
Spirée à trois feuilles	*Gillenia trifoliata*	vivace	juin-juillet	60 cm	50 cm	léger, riche, frais	mi-ombre
Sprékélia	*Sprekelia formosissima*	bulbeuse	juin-juillet	30-40 cm	20-25 cm	bien drainé	soleil
Statice	*Limonium*	vivace, annuelle	mai-septembre	40-60 cm	30-50 cm	sableux, sec, bien drainé	soleil
Tabac (p. 210)	*Nicotiana affinis, N. sylvestris*	annuelle	juillet-septembre	30 cm-1,50 m	30 cm	riche, meuble, frais	soleil
Tellima	*Tellima grandiflora*	vivace	mai-juillet	60-70 cm	50 cm	frais	mi-ombre, ombre
Tricyrtis	*Tricyrtis hirta*	vivace	septembre-octobre	40-80 cm	60 cm	riche, frais	mi-ombre, ombre
Tulipe (p. 212)	*Tulipa*	bulbeuse	mars-juin	25-70 cm	25 cm	sec en été	soleil
Valériane (p. 214)	*Centranthus ruber*	vivace	mai-septembre	80 cm	50 cm	caillouteux, sec	soleil
Verge-d'or	*Solidago* hybride	vivace	juin-septembre	40-80 cm	50-60 cm	ordinaire	soleil
Véronique	*Veronica spicata*	vivace	juillet-août	20-30 cm	40 cm	caillouteux, calcaire, sec	soleil
Verveine (p. 216)	*Verbena*	annuelle, vivace	juillet-octobre	20 cm-1 m	20-30 cm	riche	soleil
Violette (p. 218)	*Viola odorata, V. cornuta* et hybrides	vivace	mars-juillet	10-15 cm	15 cm	consistant, frais	mi-ombre, ombre
Zinnia (p. 220)	*Zinnia elegans, Z. haageana*	annuelle	juin-octobre	20-90 cm	20-50 cm	riche, frais, bien drainé	soleil

Maladies et parasites

Voici décrits succinctement les principaux parasites et maladies qui affectent les fleurs au jardin. Apprenez à en reconnaître les symptômes les plus courants et à effectuer, le cas échéant, les traitements adaptés à chaque cas.

Acariens : petits parasites (araignées rouges ou jaunes, tétrarques, aoûtats), souvent invisibles à l'œil nu. Présents surtout lors d'étés chauds et secs, ils piquent le revers des feuilles pour y faire des ponctions de sève. Les feuilles deviennent ternes et grisâtres, et de fines toiles d'araignées apparaissent sous les feuilles. À titre préventif, arrosez le feuillage au jet le soir, en été. En cas d'attaque, traitez le plus rapidement possible avec un acaricide à base de dicofol.

Anguillule : petit ver microscopique qui vit dans la terre et se nourrit de matières en décomposition et des tiges, des feuilles et des racines des plantes.

Botrytis (pourriture grise) : maladie due à un champignon très courant qui se développe en cas de forte humidité. Il provoque un feutrage grisâtre sur les boutons floraux, les tiges ou les feuilles des plantes. Supprimez les parties ou les plantes malades, ramassez et brûlez les débris végétaux tombés au sol. Traitez avec un fongicide à base de mancozèbe.

Chenilles : larves des papillons qui rongent les feuilles, les tiges ou les racines des plantes. Traitez dès l'apparition des dégâts avec un insecticide biologique à base de *Bacillus thuringiensis*.

Criocère : petit insecte rouge vif, à tête noire, qui pond des œufs sur les lis et les fritillaires en mars. Les larves, rondes, rouge orangé et à tête noire, apparaissent en juillet. De mars à octobre, les adultes et les larves dévorent les feuilles et les fleurs qui jaunissent, brunissent et se dessèchent. Surveillez vos plantes dès le mois de mars pour éliminer à la main, avant la ponte, les criocères adultes. Traitez en été avec un insecticide biologique à base de roténone ou chimique à base de cyperméthrine.

Escargots et limaces : mollusques terrestres de la famille des Gastéropodes qui sévissent tout au long de l'année, les jours de pluie. Dès qu'il fait nuit et que la température est supérieure à 5 °C, ils rongent les feuilles, les tiges et les fleurs en laissant derrière eux une trace brillante appelée mucus. Il est impossible de les éliminer du jardin : protégez les cultures sensibles, les jeunes plants notamment, car une morsure de limace ou d'escargot peut sectionner et tuer les plants.

Fonte des semis : maladie due à plusieurs champignons qui vivent dans la terre et dont la croissance est favorisée par un excès d'humidité et des semis trop denses. Les feuilles des jeunes plants se dessèchent et la base des tiges pourrit : les champignons agissent parfois si vite que les plants semblent « fondre », d'où le nom de cette maladie qui peut rapidement toucher toute une terrine de semis. En prévention, désinfectez les terrines et le matériel utilisés pour le semis avec de l'alcool à brûler. Utilisez toujours du terreau sain, vendu dans le commerce et préalablement stérilisé. Arrosez modérément les semis pour maintenir le terreau légèrement humide.

Fusariose : maladie causée par un champignon du sol (*Fusarium*) qui touche principalement les asters, les reines-marguerites et les œillets, et provoque le flétrissement de la plante. Les feuilles jaunissent et se dessèchent. Arrachez et brûlez les plantes atteintes. Ne cultivez pas de nouveaux asters, reines-marguerites ou œillets à cet endroit durant l'année en cours et la suivante.

Limaces : voir Escargots.

Mildiou : maladie due à un champignon, qui touche de nombreuses plantes au jardin, surtout les Composées (dahlia, marguerite, rudbeckia, souci, zinnia…) et les géraniums. Le dessus des feuilles se couvre de taches jaunâtres qui s'élargissent progressivement jusqu'à couvrir tout le limbe. Au revers, un feutrage grisâtre parfois teinté de violet apparaît. L'humidité favorise le développement de ce champignon. À titre préventif, arrosez toujours au pied des plantes pour ne pas mouiller le feuillage. Si le temps est très humide, traitez avec de la bouillie bordelaise avant l'apparition des symptômes. Arrachez et brûlez rapidement les plantes atteintes. Pulvérisez un fongicide à base de mancozèbe ou de cymoxanil sur les plantes situées à proximité.

Mosaïque du concombre : maladie provoquée par un virus, qui se traduit par l'apparition de taches décolorées et irrégulières sur le feuillage des plantes, rappelant une mosaïque. Ce virus peut être introduit dans la plante par des nématodes, vers microscopiques présents dans le sol. Aucun traitement n'est efficace. Arrachez et brûlez les plantes atteintes.

Nématode : petit ver microscopique qui vit dans la terre et se nourrit de matières en décomposition et des tiges, des feuilles et des racines des plantes. Les dégâts sont parfois considérables, mais aucun produit n'est efficace contre ce parasite. Arrachez et brûlez les plantes malades. Ne replantez pas le même type de plante à cet endroit.

Oïdium : maladie due à un champignon microscopique qui recouvre les feuilles ou les autres parties aériennes de la plante d'un feutrage blanc et poudreux. Les attaques de fin de saison ne nécessitent pas de traitement : arrachez et brûlez les restes de végétation pour éviter toute contamination ultérieure. Sur de jeunes plantes, pulvérisez ou poudrez avec un produit à base de soufre. En cas d'attaque sévère, préférez un fongicide à base de myclobutanil ou de triforine.

Pourriture du collet : maladie provoquée par divers champignons du sol. Le collet, situé à la jonction entre les feuilles, la tige et les racines, pourrit et la plante meurt. Arrachez la plante atteinte.

Pourriture grise : voir Botrytis.

Pucerons : insectes cendrés, verts ou noirs selon les espèces, qui vivent en colonies. Ils forment des manchons sur les jeunes pousses et les piquent pour sucer la sève. Les feuilles jaunissent, se dessèchent et tombent ou se déforment en s'enroulant sur elles-mêmes. Traitez dès leur apparition avec des produits biologiques à base de roténone ou de pyréthrines naturelles et mouillez bien le feuillage. En cas de forte attaque, traitez avec un insecticide à base de pyrimicarbe.

Rouille : maladie due à un champignon, qui se manifeste par l'apparition de taches jaunes, orange ou brunes sur le dessus des feuilles. Des pustules rougeâtres se développent au revers des feuilles. Lorsque les taches sont nombreuses, le feuillage se dessèche et meurt. Plus la contamination est précoce et plus la récolte s'en trouve affectée. Arrachez les plantes atteintes, ramassez les feuilles sèches au sol et brûlez l'ensemble pour éliminer toute source de contamination ultérieure. Traitez le plus tôt possible avec un fongicide à base de myclobutanil ou de propiconazole, sauf le fuchsia dont le feuillage supporte mal ces produits : préférez alors un produit à base de mancozèbe.

Verticilliose : maladie provoquée par un champignon qui vit dans le sol. Il contamine les tissus de la plante et bloque la circulation de la sève. Les feuilles jaunissent ou brunissent entre les nervures, se dessèchent et meurent. Arrachez et brûlez les plantes atteintes ; remplacez la terre en place. Ne plantez pas à cet emplacement de plantes sensibles à la maladie.

Virose : maladie causée par un virus. Aucun traitement ne permet d'enrayer ce type de maladie. Le virus est souvent introduit dans la plante par la piqûre ou la morsure d'un insecte.

Virus : micro-organismes qui parasitent les cellules végétales et qui provoquent des maladies graves (les viroses).

Glossaire

Annuelle (plante) : plante qui, en une année, naît, pousse, fleurit, produit des graines et meurt les premiers froids venus (cosmos, impatiens, lavatère, pétunia, souci...).

Bisannuelle (plante) : plante qui a besoin de 2 ans pour s'épanouir (pensée, myosotis...). La première année, celle du semis, la plante forme un feuillage abondant. La seconde année, elle fleurit et produit des graines avant de mourir. Les jardiniers gagnent un peu de temps en semant ces plantes en été : elles forment alors des feuilles avant l'hiver et, au printemps suivant, elles fleurissent, soit 8 à 9 mois après le semis et non 1 an après celui-ci comme dans la nature.

Bourgeon : organe renflé qui contient, à l'intérieur de ses écailles fermées, des ébauches de feuilles, le départ d'un rameau et, parfois, une fleur.

Bulbe : racine ou tige souterraine, dans laquelle la future plante accumule des réserves nutritives pour assurer sa survie d'une année sur l'autre.

Bulbeuse (plante) : plante qui produit un bulbe.

Caissette : petite caisse basse et large, en terre cuite ou en plastique, généralement de forme rectangulaire, dans laquelle on pratique le semis.

Châssis : abri constitué d'un cadre de bois muni d'un couvercle vitré (ou recouvert de plastique transparent). Rempli d'une terre riche et fine, le châssis est destiné à abriter des plantes fragiles, de jeunes semis par exemple.

Compost : engrais naturel obtenu à partir de matières organiques décomposées (tontes de gazon, feuilles mortes...).

Corolle : ensemble des pétales de la fleur.

Cultivar : variété d'origine horticole créée par l'homme, par opposition à la variété qui est une création naturelle.

Division : opération de multiplication des plantes vivaces, qui consiste à couper en plusieurs morceaux une touffe établie devenue trop imposante. La division permet de rajeunir la plante et de replanter de jeunes touffes nouvelles.

Double (fleur) : fleur dont le nombre de pétales est double, triple ou même davantage par rapport à l'espèce type.

Éclaircissage : opération qui consiste à arracher des jeunes plants après un semis trop dense afin de permettre aux plants qui restent en place de mieux se développer.

Engrais : matières organiques ou chimiques apportées au sol pour couvrir les besoins en nourriture des plantes.

Espèce : échelon de la classification botanique qui correspond à une division du genre : par exemple, pour les pâquerettes, le nom de genre est *Bellis* et le nom d'espèce est *perennis*. L'espèce est ensuite divisée en variétés et en cultivars.

Fourche-bêche : bêche dont le fer métallique est constitué de dents, au nombre de 4 en général.

Genre : sous-division botanique de la famille qui regroupe les espèces.

Germe : premier organe de la jeune plante qui sort de la graine.

Germination : étape de développement de la plante qui correspond au moment où le germe sort de la graine puis tire sa nourriture du sol à l'aide des premières racines. La jeune plante apparaît alors hors de terre.

Godet : petit pot en terre cuite ou en plastique dans lequel est semé ou repiqué un jeune plant avant sa plantation définitive au jardin.

Goulot (arrosage au) : arrosage effectué avec un arrosoir sans pomme d'arrosage au bout de son bec. Ce type d'arrosage permet d'apporter beaucoup d'eau à une plante après sa mise en place.

Goutte-à-goutte : système d'arrosage qui fournit lentement et régulièrement de l'eau au pied des plantes.

Graine : organe de reproduction de toutes les plantes.

Griffe : outil à dents courbées (en forme de griffe) utilisé pour affiner la terre ou pour casser la croûte de terre qui se forme en surface en cas de sécheresse. Ce terme désigne aussi le faisceau de petits tubercules des renoncules.

Hampe : tige qui porte à son extrémité une fleur ou un groupe de fleurs.

Hybride : variété obtenue par croisement de deux espèces végétales différentes.

Matières organiques : matières issues de la décomposition d'organes végétaux ou animaux.

Motte : volume de terre qui entoure les racines de la plante.

Mulch : matière organique dure, fine et broyée (écorces de pin, branches, paille, paillette de lin, tonte de gazon...).

Paillage : opération qui consiste à étaler à la surface du sol, préalablement désherbé, une couche de matières opaques (paille, paillette de lin, mulch…) laissant passer l'air et l'eau en profondeur, mais qui maintient l'humidité de la terre en surface l'été, protège la plante du froid l'hiver et limite le développement des mauvaises herbes.

Paillis : matériau utilisé pour réaliser un paillage.

Pelle-plantoir : petite pelle à manche court également appelé transplantoir.

Pépinière : au jardin, endroit abrité du vent et bien exposé où le jardinier cultive de jeunes plants avant leur mise en place définitive. Pour favoriser la germination des graines, il est recommandé d'y faire un apport régulier de tourbe ou de terreau.

Plantoir : outil conique utilisé pour repiquer les jeunes plants. On l'enfonce dans le sol pour creuser un trou conique dans lequel on place ensuite le plant. Le plantoir peut être droit ou coudé, avec une douille en métal emboîtée dans un manche en bois ou entièrement en métal.

Plantoir à bulbes : outil cylindrique employé pour réaliser des trous cylindriques et plats dans lesquels on dépose les bulbes.

Potée : ensemble de plantes cultivées dans un même pot.

Race : famille de variétés ayant de nombreuses caractéristiques communes, différant le plus souvent par la couleur de leurs fleurs.

Repiquage : action de planter de jeunes plants à un endroit qui n'est pas leur emplacement définitif pour les encourager à se développer davantage avant leur plantation dans les massifs.

Rhizome : tige souterraine gorgée de réserves nutritives. L'arum, le muguet et l'iris, sont, par exemple, des fleurs à rhizome.

Rustique (plante) : plante capable de supporter les températures extrêmes d'une région donnée (dont le froid hivernal).

Semis en ligne : semis qui consiste à déposer les graines dans un sillon plus ou moins profond.

Semis à la volée : semis se caractérisant par une répartition aléatoire des graines sur une surface donnée.

Serfouette : outil muni d'une pièce d'acier divisée en une partie plate et une partie à dent, utile pour le désherbage des petites surfaces.

Terreau : mélange de terre végétale et de matières organiques en décomposition (feuilles, compost…).

Tourbe : humus issu de la décomposition de matières organiques en milieu pauvre en oxygène et saturé d'eau (marais par exemple), qui donne une matière spongieuse capable de retenir beaucoup d'eau.

Tubercule : racine souterraine gorgée de réserves nutritives nécessaires à la survie de la plante.

Tuteur : tige en bois, métal ou plastique rigide, fixée verticalement en terre pour soutenir ou redresser les plantes.

Tuteurage : opération qui consiste à maintenir verticalement les plantes grâce à l'utilisation de tuteurs.

Variété : plante constituant un sous-groupe d'une espèce et qui en diffère par quelques caractères considérés comme secondaires du point de vue botanique (couleur, port…). Contrairement au cultivar, la variété naît et se maintient spontanément dans la nature.

Vivace (plante) : plante qui pousse plusieurs années de suite au même endroit. La plupart des plantes vivaces disparaissent entièrement en hiver, se conservent sous forme de racines sous la terre et réapparaissent au printemps.

Vrille : petit rameau en forme de tire-bouchon produit par les plantes grimpantes (pois de senteur) et qui s'enroule autour d'un support.

Index

Crédits photos

pp. 6, 153 : V. Klecka/Rustica (Jardin des Mélanges) ;

pp. 8, 127 (Jardin André Eve) ; 10 (haut), 73 (Globe Planter), 23, 57, 123, 151, 179, 187 : F. Marre/Rustica ;

pp. 9 (haut), 109, 111 : P. Tourmente/Rustica ;

pp. 9 (bas), 51, 67, 79, 139, 141, 157, 171, 197, 207, 221 : Rustica ;

pp. 10 (bas), 28, 35, 37, 39, 41, 59, 69, 71, 77, 85, 87, 89, 93, 107, 113, 117, 129, 137, 143, 163, 173, 175, 181, 193, 205, 211, 213, 219, 222 : J. Le Bret/Rustica ;

pp. 12, 13, 47 (Le Bois Pinard) : F. Boucourt/Rustica ;

p. 29 : B. Vaesken/Rustica (Jardin d'Yvoire) ;

pp. 30, 81, 97, 99, 101, 105, 131, 159, 183 : C. Hochet/Rustica ;

p. 43 : Ch. Testu/Colibri ;

pp. 45, 49, 119 (Le Clos du Coudray) ; 63 (Les Jardins du Feyel) : A. Petzold/Rustica ;

pp. 53, 215 : A. Guerrier/Colibri ;

pp. 55, 65, 83, 91, 103, 135, 177, 189, 209 : P. Asseray/Rustica ;

p. 61 : E. Kraft/Colibri ;

p. 75 : P. Raynaud/Colibri ;

p. 95 : Guitard/Rustica ;

pp. 115, 169 : E. Svoboda/Rustica ;

pp. 121, 161, 201 : I. Devaux/Rustica ;

pp. 125, 167 : J. Creuse/Rustica ;

p. 133 : A. Corge/Colibri ;

pp. 145 (Le Clos du Coudray), 155, 165, 217 : V. Maisons/Rustica ;

p. 147 : J. Albertini/Rustica ;

p. 149 : J. Dubois/Colibri ;

p. 185 : J.-P. Praderes/Rustica ;

p. 191 : A. Delavie/Rustica ;

p. 195 : S. Breal/Colibri ;

p. 199 : O. Borderie/Rustica ;

p. 203 : P. Nief/Colibri.

En couverture : photo de J. Le Bret/Rustica.

Conception graphique et réalisation : Hugues Cornière.

Achevé d'imprimer par STIGE Turin (Italie), en janvier 2004.